LA VIE
ET LES
AVANTURES
SURPRENANTES
DE
ROBINSON CRUSOE.

Contenant entr'autres événemens, le séjour qu'il a fait pendant vingt-huit ans dans une Isle deserte, située sur la Côte de l'Amérique, près de l'emboucheure de la grande Riviere *Oroonoque*.

Le tout écrit par lui-même.

TOME PREMIER.

A AMSTERDAM,
Chez L'HONORÉ & CHATELAIN.
_____
M. DCC. XXI.

PREFACE

LE Livre, dont on donne ici la Traduction au Public, a été extrêmement goûté en Angleterre, & il s'en est debité un nombre prodigieux d'Exemplaires ; je ne m'en étonne pas. Jamais on n'a vû dans la vie d'un seul homme un tissu si merveilleux d'Avantures surprenantes ; jamais on a vû un assemblage d'évenemens extraordinaires relevé par une si grande varieté, & tous ceux qui ont fait quelque reflexion sur l'esprit humain, sçavent jusqu'à quel point il s'attache à la varieté jointe au merveilleux.

Il est vrai qu'il aime encore naturellement la Verité, & qu'il ne joüit jamais pleinement des agréables impressions que le surprenant & le varié font sur lui, que lors qu'il croit avoir raison de se persuader, que ces impressions, & les sentimens vifs & animez qui en sont les effets, sont produits par des objets veritables.

C'est conformément à ce principe, que ceux qui s'efforcent à nous amuser par des Fables, tâchent de nous dédommager de la ve-

* 2

PREFACE.

ité par une vraisemblance habilement ménagée. On sçait qu'on va lire des Fables, mais on oublie qu'on en lit ; & l'imagination, qui dans la liaison des objets qu'on lui presente, ne trouve rien qui se choque & qui se heurte, s'y attache avec tant d'ardeur, qu'elle donne rarement à la raison le loisir de venir l'interrompre dans ses amusemens. Il arrive pourtant quelquefois, sur tout à ceux, dont le bon sens est cultivé, & qui se sont habituez à en faire usage, d'être assez maîtres de leur imagination, pour ne lui pas laisser long-tems la jouïssance paisible d'un plaisir, causé par l'arrangement artificieux d'une quantité d'images fausses.

Le Roman est par conséquent de beaucoup inférieur à l'Histoire, quand on ne les compareroit que du côté du plaisir qu'on tire de leur lecture.

Dans la derniere on goûte le merveilleux sans interruption, & sans inquiétude, & l'on a la satisfaction de se divertir d'une maniere que la raison avouë & qu'elle augmente, en nous assurant que nous ne sommes pas les dupes de celui qui nous amuse.

Il est aisé à voir par-là, qu'il est de l'interêt de l'Editeur de cette Traduction de persuader au Public, qu'il leur donne une Histoire veritable, mais il a trop d'integrité pour décider positivement làdessus: tout

ce

PRÉFACE

ce qu'il peut dire, c'est qu'il trouve la chose très-probable ; En vaici la principale raison.

L'Ouvrage dont il s'agit ici, n'est pas seulement un tableau des différentes avantures de Robinson Crusoe. C'est encore une Histoire des différentes situations de son esprit, & des révolutions qui sont arrivées dans son cœur. Les unes & les autres répondent avec tant de justesse aux évenemens qui les précedent, qu'un Lecteur capable de réflexion sent de la maniere la plus forte, que dans les mêmes circonstances il est impossible de n'être pas agité par les mêmes mouvemens.

Il est difficile de décrire d'une maniere naturelle & pathetique les differentes situations du cœur, si on ne le copie après ses propres sentimens ; mais j'avouë qu'il n'est pas impossible, & que de ce côté là, l'art & la force de l'imagination peuvent mettre à peu près la fiction au niveau de la Verité. On auroit tort pourtant de soupçonner l'Auteur de cette Histoire d'une habilité & d'un génie, propres à nous en imposer d'une maniere si adroite. On n'y voit rien qui sente l'homme de Lettres. On y découvre plûtôt un pauvre Marinier, qui est bien embarassé à faire passer ses idées dans l'esprit de ses Lecteurs : son stile est rempli de répetitions ; au lieu de réflexions, il nous donne souvent des sentimens tout crus, qui deviennent pourtant des réflexions sensées & justes, en passant dans un esprit cultivé. Le bon sens

PREFACE

qu'on entrevoit dans ses expressions, est pour ainsi dire brute, & privé de cette politesse, & de cette forme, que l'étude & le commerce des honnêtes gens sont capables de prêter à une justesse d'esprit naturelle.

Je conviens qu'il paroît beaucoup d'industrie dans la description qu'on voit dans cette Histoire, de tout ce que nôtre Avanturier a fait pour sa conservation, & pour rendre sa solitude la moins desagréable qu'il étoit impossible. Mais on auroit tort, d'inferer de là que l'Auteur doit être un habile homme. On sçait à quels efforts la nécessité porte l'Esprit humain. On sçait que les Brutes mêmes sont d'excelens Machinistes, quand il s'agit de leur conservation ou de leur commodité, & nous sommes souvent étonnez de la justesse des mesures qu'ils prennent pour se procurer le bien & pour éviter le mal.

Le défaut de genie & de lumières que je trouve dans cette Histoire, n'en doit point dégouter le Lecteur ; la naïveté en fait le Caractere essentiel, & dans une pareille Relation, elle vaut infiniment mieux que la finesse d'esprit.

Il y a pourtant des personnes, qui y découvrent une grande finesse bien dangereuse. Ils s'imaginent que ce Livre semblable à l'Histoire des Sevarambres, & aux Voyages de Jacques Sadeur, a été fait pour saper la baze de de la Religion ; mais il n'est pas possible de
don-

PREFACE

donner un rafinement plus bizarre. Il ne se peut rien trouver de plus orthodoxe que le pauvre Robinson Crusoe, rien n'est plus édifiant que les Réflexions continuelles qu'il fait, pour justifier la Providence Divine dans toute sa conduite avec les hommes, rien de plus exemplaire que sa résignation dans tous les malheurs, sous lesquels il est obligé de gémir.

Si son but avoit été de répandre un venin caché dans son Ouvrage, il en avoit une occasion très-naturelle, quand s'étant assujetti un Sauvage du Continent, il s'efforçoit à jetter dans l'Ame de ce Barbare les premiers fondemens de la Religion Chrétienne. Il étoit maître de prêter a ce ce Sauvage toutes les difficultez qu'il pouvoit croire embarassantes ; mais bien loin de-la, il lui donne une raison très-souple, & lui fait recevoir les principaux de nos Dogmes avec une grande docilité.

Il est vrai qu'une seule fois, ce Sauvage lui fait une question sur la compatibilité de la puissance du démon avec la toute-Puissance Divine, & que son Maître n'a pas l'esprit d'y répondre, mais la seule raison en est, qu'il n'étoit pas grand
Clerc

PREFACE

Clers, & qu'il s'étoit mis dans l'Esprit les idées les plus populaires des opérations du démon sur le cœur humain.

Voilà tout ce que j'ai à dire au Lecteur sur l'Ouvrage même ; je ne m'étendrai pas beaucoup sur la Traduction : elle n'est pas scrupulement litterale, & l'on fait de son mieux pour y aplanir un peu le stile raboteux, qui dans l'Original sent un peu trop le Matelot, pour satisfaire à la délicatesse Françoise. Cependant, on n'a pas voulu le polir assez, pour lui faire perdre son caractere essentiel, qui doit être hors de la Jurisdiction d'un Traducteur fidéle. On a en soin eu récompense d'abreger les répétitions des mêmes pensées, ou de les déguiser par le changement des termes.

LA VIE ET LES AVANTURES DE ROBINSON CRUSOE.

E fuis né en l'année mil fix cens trente-deux, dans la Ville d'York, d'une bonne Famille, mais qui n'étoit point originaire de ce païs-là. Mon pere étoit étranger, natif de Breme, & fit fon premier établiffement à Hull. Il y acquit beaucoup de bien en négociant : enfuite renonçant au Commerce, il alla demeurer à York, où il époufa ma mere, dont les parens s'appelloient *Robinfon*. Cette Famille eft une des meilleures du Comté, & c'eft de-là que j'ai été apellé *Robinfon Kreutznar*: mais par une corruption de nom, qui eft affez ordinaire en Angleterre, on nous apelle

Tome I.   A   au-

aujourd'hui, & même nous nous apellons, & nous écrivons nôtre nom *Crusoe*. Mes compagnons ne m'en ont jamais donné d'autre.

J'avois deux freres plus âgez que moi, dont l'un étoit Lieutenant Colonel d'un Régiment d'Infanterie Anglois, commandé autrefois par le fameux Colonel Lockart, & fut tué à la Bataille de Dunkirk contre les Espagnols. Pour ce qui est du second, je n'ai jamais sçû ce qu'il étoit devenu ; & ne suis pas mieux instruit de sa destinée, que mon pere & ma mere l'ont été de la mienne.

Comme j'étois le troisiéme garçon de la famille, & que je n'avois apris aucun métier, je commençai bien-tôt à rouler dans ma tête force projets. Mon pere, qui étoit fort âgé, ne m'avoit pas laissé dans l'ignorance, il m'avoit donné la meilleure éducation qu'il avoit pû, soit en me dictant des Leçons de sa propre bouche ; soit en m'envoyant à une de ces Ecoles publiques, qu'il y a dans les campagnes ; & il me destinoit à l'étude des Loix, mais j'avois de tout autres vûës : le desir d'aller sur mer me dominoit uniquement : cette inclination me roidissoit si fort contre la volonté & même contre les ordres de mon pere d'une part ; me rendoit si sourd aux remontrances & aux solicitations pressantes de ma mere, & de tous mes proches d'autre part ; qu'il sembloit qu'il y eût une espece de fatalité qui m'entraînoit secretement vers cet état de souffrance & de misere où je devois tomber.

Mon

Mon pere, qui étoit un sage & grave personnage, me donna d'excélens avis pour me faire renoncer à un dessein dont il voyoit bien que je m'étois entêté. Un matin, il me fit venir dans sa Chambre où il étoit confiné à cause de la goutte; & il me parla fortement sur ce sujet. Il me demanda quelle raison j'avois, ou plûtôt quelle étoit ma folle envie, de vouloir quitter la maison de mon Pere, & ma Patrie, où je pouvois avoir de l'apui, & une belle esperance de pousser ma fortune par mon aplication & par mon industrie, & cela en menant une vie commode & agréable. Il me disoit qu'il n'y avoit que deux sortes de gens, les uns dénuez de tout biens & sans ressource, les autres d'un rang superieur & distingué, à qui il apartint de former de grandes entreprises, & d'aller par le monde chercher les avantures, afin de s'élever, & de se rendre fameux par une route peu frayée: que ce parti étoit de beaucoup trop au-dessus, ou trop au-dessous de moi: que mon état étoit mitoyen, ou tel, qu'on pouvoit l'apeller le premier étage de la vie bourgeoise; que par une longue expérience il avoit reconnu que cette scituation étoit la meilleure de toutes; le plus à la portée de la félicité humaine; nullement exposée à la misere, aux travaux & aux souffrances des Ouvriers mécaniques; mais exempte de l'orgueïl & du luxe, de l'ambition & de l'envie des Grands du monde. Il me disoit que je pouvois juger du bonheur de

A 2   cet

cet état par cela même, que c'étoit celui que tous les autres hommes envioient: que des Rois avoient souvent gémi sur les misérables suites d'une haute naissance; qu'ils auroient souhaité de se voir placez au milieu des deux extrêmitez, entre les grands & les petits: que le Sage s'étoit déclaré en faveur de cet état, & qu'il y avoit fixé le point de la vraye félicité, en priant qu'il n'eût ni pauvreté ni richesse.

Il me faisoit remarquer une chose que je trouverois toûjours dans la suite; c'est que les calamnitez de la vie se partageoient entre les plus qualifiez & le bas peuple: mais que dans l'état de médiocrité il n'y avoit point tant de desastres, & qu'on n'y étoit point sujet à tant de vicissitudes que dans le plus haut ou dans le plus bas: que dis-je? les maladies & les indispositions, soit du Corps ou de l'Esprit, y étoient moins fréquentes que parmi des gens qui par une suite naturelle de leur maniere de vivre gagnoient divers maux; ceux-ci par leurs débauches & leurs excés; ceux-là par un trop rude travail, ou faute de nourriture & du nécessaire: qu'une Fortune médiocre étoit réputée le siége de toutes les Vertus, & de tous les plaisirs, que la Paix & l'abondance en étoient les compagnes; que la temperance, la moderation, la tranquilité, la santé, la societé; en un mot, tous les divertissemens honnêtes & desirables étoient attachez à ce genre de vie: que par cette voye les hommes fournissoient doucement leur carriere,

&

& la finissoient en paix, sans être foulez du travail des mains, ni de celui de l'esprit; sans se livrer à une vie servile pour gagner leur subsistance, ni à une suite continuelle de perplexitez, qui troublent la tranquilité de l'ame & le repos du corps; sans sentir en soi-même ni la rage de l'envie, ni les aiguillons cuisans de l'ambition; mais au conttaire jouissans des commoditez de cette vie, en goûtant les douceurs & non les amertumes; sensibles à leur propre bonheur, & aprenans par une experience journaliere à le devenir de plus en plus.

Aprés quoi il m'exhorta dans les termes les plus pressans & les plus tendres, à ne point faire un pas de jeunesse; à n'aller pas au devant des calamnitez, dont la nature & ma naissance m'avoient mis à couvert: que je n'étois pas dans la nécessité d'aller chercher mon pain: qu'il feroit tout pour moi, & n'oublieroit rien pour me mettre en possession de cet état de vie, qu'il venoit de me recommander: que si je n'étois pas content & heureux dans le monde, ce seroit sans doute ma propre faute ou ma destinée: qu'aprés avoir fait son devoir en m'avertissant du préjudice que me causeroient de fausses démarches, il n'étoit plus responsable de rien: en un mot, que comme il travailloit à mon bonheur, si je voulois demeurer à la maison, & m'établir de la maniere qu'il le desiroit; aussi ne vouloit-il pas contribuer à ma perte en favorisant mon départ. Il conclut en me disant, que j'avois devant mes yeux l'exemple funeste de mon frere aîné, à qui il avoit pareillement representé ces puissantes raisons pour le dissuader d'aller à la guerre des Païs-bas ; mais qu'il n'avoit pû l'empêcher de suivre une résolution de jeune homme, ni de courir à sa perte en embrassant le parti que je lui défendois. Il ajoûta qu'il ne cesseroit jamais de prier pour moi ; mais qu'en même tems il osoit m'annoncer que, si je faisois ce faux pas, Dieu ne me beniroit point : & qu'à l'avenir j'aurois tout le loisir de reflechir sur le mépris que j'aurois fait de ses conseils, sans trouver le moyen d'en réparer la perte.

Ce discours fut véritablement prophetique, quoi qu'à mon avis il ne le crut point tel ; & je remarquai sur la fin, que les larmes couloient abondamment de son visage, sur tout quand il parla de la mort de mon frere. Mais lors qu'il dit que j'aurois le loisir de me repentir, sans avoir personne pour m'assister, il fut si émû, qu'il interrompit son discours, & m'avoüa, qu'il n'avoit pas la force de passer outre.

Je fus sincerement touché d'un discours si tendre : je résolus de ne penser plus à aller voyager, mais plûtôt de m'établir chez nous, suivant les intentions de mon pere. Mais helas ! cette bonne disposition passa comme un éclair : & pour prévenir desormais les importunitez de mon pere, je résolus de m'éloigner
de

de lui sans prendre congé. Néanmoins je n'en vint pas si-tôt à l'execution, & je moderai un peu l'excés de mes premiers mouvemens. Un jour que ma mere paroissoit un peu plus gaye qu'à l'ordinaire, je la pris à part : Je lui dis que ma passion pour voir le monde étoit insurmontable : qu'elle me rendoit incapable d'entreprendre quoi que ce soit avec assez de résolution pour en venir à bout, & que mon pere feroit mieux de me donner congé, que de me forcer à le prendre. Je la priai de faire reflexion que j'avois déja 18. ans, & qu'il étoit trop tard pour entrer en aprentissage, ou pour devenir Clerc chez un Procureur : que si je l'entreprenois, j'étois sûr de ne finir jamais mon tems, de m'enfuïr de chez le Maître avant le terme, & de m'embarquer. Mais si elle vouloit bien parler pour moi, & m'obtenir de mon pere la permission de faire un voyage sur mer, je lui promettois, en cas que j'en revinsse, & que je ne m'en accommodasse pas, de n'y plus retourner, & de réparer ensuite ce tems perdu par un redoublement de diligence.

À ces propos ma mere se mit fort en colere : elle me dit que ce seroit peine perduë de parler à mon pere sur cette matiere : qu'il étoit trop informé de mes veritables interêts, pour donner son consentement à une chose qui me seroit si pernicieuse : qu'elle ne concevoit pas comment j'y pouvois encore penser, après l'entretient que j'avois eu avec lui ; &

malgré

malgré les expressions tendres & engageantes, dont elle sçavoit qu'il avoit usé pour me ramener. En un mot que si je voulois m'aller perdre, elle n'y voyoit point de remede ; mais qu'assurément elle n'y donneroit jamais son consentement, pour ne pas travailler d'autant à ma ruïne : & qu'il ne seroit jamais dit, que ma mere eût donné les mains à une chose, que mon pere auroit rejettée.

Quoi qu'elle m'eût ainsi refusé, néanmoins j'ai apris dans la suite, qu'elle avoit raporté le tout à mon pere, & que penetré de douleur il avoit dit en soupirant : ″ Ce garçon ″ pouroit être heureux, s'il vouloit demeurer ″ à la maison, mais il sera le plus miserable ″ de tous les mortels, s'il va dans les pays é- ″ trangers : je n'y consentirai jamais.

Ce ne fut qu'un an aprés ceci, que je m'échapai. Cependant je m'obstinois à fermer l'oreille à toutes les propositions qu'on me faisoit d'embrasser une profession. Souvent même je me plaignois à mon pere & à ma mere qu'ils fussent si fermes à me contrequarrer dans ce, à quoi je sentois une inclination prédominante.

Mais un jour me trouvant à Hull, où j'étois allé par hazard, & sans aucun dessein formé de prendre l'essor, j'y rencontrai un de mescamarades, qui étoit sur le point d'aller par mer à Londres, sur le Vaisseau de son pere. Il m'invita à aller avec eux ; & pour mieux m'y engager, me tint le langage ordinaire

naire des mariniers, sçavoir qu'il ne m'en coûteroit rien pour mon passage. Là-dessus je ne consulte plus ni pere ni mere : je ne me mets pas en peine de leur faire sçavoir de mes nouvelles : mais remettant la chose au hazard, sans demander la Benediction de mon pere, ni implorer l'assistance du Ciel, sans faire attention ni aux circonstances, ni aux suites, je me rendis à bord d'un Vaisseau qui alloit à Londres. Ce jour le plus fatal de toute ma vie, fut le premier de Septembre de l'an mil six cens cinquante & un. Je ne pense pas qu'il y ait jamais un jeune avanturier, dont les infortunes ayent commencé plûtôt, & duré plus long-tems que les miennes. A peine le Vaisseau étoit-il sorti de la Riviere d'Humber, que le vent commença à fraîchir, & la mer à s'enfler d'une furieuse maniere. Comme je n'avois pas été sur mer auparavant, la maladie & la terreur s'emparant à la fois de mon corps & de mon ame, me plongerent dans un chagrin que je ne puis exprimer. Je commençai dès-lors à faire de serieuses réflexions sur ce que j'avois fait, & sur la Justice Divine, qui châtioit en moi un enfant vagabond & desobéissant. Dès-lors tous les bons conseils de mes parens, les larmes de mon pere, les prieres de ma mere, se presenterent vivement à mon Esprit : & ma Conscience, qui n'étoit pas encore endurcie, comme elle l'a été depuis, me reprochoit d'avoir méprisé des Leçons salutaires, & de m'être éloigné de mon

de-

devoir envers mon pere, & envers Dieu.

Pendant ce tems-là la tempête se renforçoit, la mer s'agitoit de plus en plus : & quoique ce ne fût rien en comparaison de ce que j'ai souvent vû depuis, & sur tout de ce que je vis peu de jours aprés ; toutefois ç'en étoit assez pour ébranler un nouveau marinier, & un homme qui, comme moi, se voyoit dans un nouvel Elément. Je m'attendois à tout moment que les flots nous engloutiroient, & que chaque fois que le Vaisseau s'abaissoit, il alloit toucher au fond de la mer, pour n'en plus revenir. Dans cette angoisse je fis vœu plusieurs fois, que si Dieu me sauvoit de ce voyage, & qu'il me fît la grace de reprendre terre, je ne remonterois de mes jours sur un Vaisseau, & ne m'exposerois plus à de pareilles miseres ; mais que je m'en irois tout droit chez mon pere, & me conduirois par ses conseils. C'est alors que je vis clairement combien étoient justes ses observations sur l'état mitoyen de la vie ; combien il avoit passé ses jours doucement & agréablement ; n'ayant eu à essuyer ni tempête sur mer, ni disgrace sur la terre. Ainsi me proposant la pénitence de l'Enfant prodigue, je resolus de retourner à la maison de mon pere.

Ces sages & seines pensées durérent autant de tems que dura la tempête, & même un peu au de-là. Le jour suivant, le vent s'étoit abbatu, la mer apaisée, & je commençois un peu à m'accoûtumer. Je ne laissai pas d'être

serieux

sérieux toute la journée, me sentant encor un peu indisposé du mal de mer. Mais à l'aproche de la nuit le tems s'éclaircit ; le vent cessa tout-à-fait ; une charmante soirée s'ensuivit, le Soleil se coucha dans un lit exempt de nuage ; & le lendemain il se leva de même. Ainsi l'air qui n'étoit agité que de peu ou point de vent, l'onde unie comme la glace, le Soleil qui brilloit, faisoient à mes yeux le plus délicieux des spectacles.

J'avois bien dormi pendant la nuit : & loin d'être encore incommode du mal de mer, j'étois plein de courage, regardant avec admiration l'Ocean, qui le jour d'auparavant avoit été si courroucé & si terrible, & se faisoit voir dés-lors si calme & si agréable. Là-dessus de crainte que je ne persistasse dans les bons propos, que j'avois faits, mon compagnon, qui véritablement m'avoit engagé dans cette équipée, s'en vint à moi : & me donnant un coup sur l'épaule, ” Eh bien, Camarade, dit-il, ” je gage que vous aviez peur la nuit précé- ” dente ; n'est-il pas vrai ? ce n'étoit cependant qu'une bouffée. ” Comment, dis-je, vous n'a- ” pe'' cela qu'une bouffée ? c'étoit une terrible ” te p te. ” Une tempête ? repliqua-t-il, ” que vous êtes innocent ! ce n'étoit rien du ” tout : vraiment, vraiment, nous nous moc- ” quons bien du vent, quand nous avons un ” bon Vaisseau, & que nous sommes au lar- ” ge : mais, camarade, voulez vous que je ” vous dise la verité ? c'est que vous n'êtes
encore

» encore qu'un novice : ça ça mettons-nous à
» faire du *Punch**; & que les plaisirs de Bac-
» chus nous fassent entiérement oublier la
» mauvaise humeur de Neptune. Voyez-vous
» quel beau tems il fait à cette heure ? « Enfin pour abreger ce triste endroit de mon Histoire, nous suivîmes le vieux train des gens de mer : on fit du Punch ; je m'en enyvrai ; & dans une nuit de débauche je noyai tous mes repentirs, toutes mes reflexions sur ma conduite passée, toutes mes résolutions pour l'avenir. En un mot comme à l'orage on avoit vû succéder le calme & la tranquillité sur les eaux, ainsi l'agitation de mes pensées finies, ma crainte dissipée, mes premiers desirs revenus, j'oubliai entierement les promesses & les vœux que j'avois formé dans la détresse. Il est bien vrai que j'avois quelques intervalles de réflexions ; & que les bons sentimens revenoient quelquefois à la charge, comme il arrive dans ces sortes d'occasions : mais je les repoussois, & je tâchois de m'en guérir comme d'une maladie. Et prenant à tâche de bien boire & d'être toûjours en compagnie, j'eus bientôt prévenu le retour de ces accés : car c'est ainsi que je les apellois. De sorte qu'en cinq ou six jours de tems j'obtins sur ma Conscience une victoire aussi complette, que le pourroit

---

* C'est une boisson, dont se regalent les Anglois. Elle est composée d'eau de vie, d'eau ordinaire, de jus de limon & de sucre.

roit fouhaiter un jeune homme qui cherche à en étouffer les remords. La Providence, fuivant la métode ordinaire en pareil cas, avoit déterminé de me laiffer fans excufe : & puifque je ne reconnoiffois pas mon Liberateur dans cette derniere occafion, celle qui devoit fe prefenter étoit telle, que le plus méchant garnement & le plus endurci qui fût parmi nous, confefferoit en même-tems & le danger extrême où nous aurions été, & la main adorable qui nous en auroit tiré.

Le fixiéme jour de nôtre navigation nous arrivâmes à la rade d'Yarmouth. Comme le vent avoit été contraire, & le tems calme, nous n'avions fait que peu de chemin depuis la tempéte. Ainfi nous fûmes obligez de moüiller en cet endroit, & nous y demeurâmes, le vent continuant d'être contraire, & de fouffler Sud Oüeft pendant fept ou huit jours ; pendant lefquels plufieurs vaiffeaux de Newcaftel entrerent dans la même rade, le rendez-vous commun de ceux qui attendent un bon vent pour gagner la Tamife.

Néanmoins nous n'aurions pas laiffé écouler tant de tems, fans atteindre l'embouchure de cette riviere à la faveur de la marée, n'eût été que le vent étoit trop rude, & qu'au quatriéme ou cinquiéme jour il devint trèsviolent. Mais une rade paffant pour auffi bonne qu'un Havre, nôtre ancrage étant bon, & le fond où nous moüillions trés ferme, nos gens ne fe mettoient en peine de rien, n'avoient

aucun

aucun pressentiment de danger, & passoient le tems dans le repos & dans la joye, comme on fait sur mer. Mais le huitiéme jour au matin le vent augmenta ; & tout l'équipage fut commandé pour abattre les mats du perroquet, & pour tenir toutes choses bien serrées & en bon ordre, afin de donner au vaisseau tout l'allégement possible. Vers le midi la mer s'enfla prodigieusement : nôtre château gaillard plongeoit à tout moment, & les flots inonderent le bâtiment plus d'une fois. Là-dessus le Maître fit jetter l'ancre-maîtresse ; mais nous ne laissâmes pas de chasser sur deux ancres, aprés avoir filé nos cables jusqu'au bout.

Pour le coup la tempête étoit horrible, & je voyois déja l'étonnement & la terreur sur le visage des Matelots mêmes. Quoique le Maître fut un homme infatigable dans son emploi, qui est de veiller à la conservation du Vaisseau, cependant je l'entendois souvent, qui en passant prés de moi à l'entrée & au sortir de sa cabane proferoit tout bas ces paroles, ou autres semblables ; *Grand Dieu, ayez pitié de nous ! nous sommes tous perdus ! c'est fait de nous !* Dans cette premiere confusion j'étois tout étendu, stupide, & immobile dans ma Cahutte qui étoit au Gouvernail ; & je ne sçaurois bien dire, quelle étoit la situation de mon esprit. Je ne pouvois sans honte rapeller le souvenir de ma premiere repentance, dont j'avois foulé aux pieds tous les engagemens par un endurcissement de cœur effroyable

ble. Les horreurs de la mort, que j'avois crû tout à-fait passées, ne pensant pas que ce second orage aprocheroit du premier, se réveillerent, quand j'entendis dire au Maître, comme je le viens de conter, que nous allions tous périr. Je sortis de ma Cahutte pour voir ce qui se passoit dehors. Un plus affreux spectacle n'avoit jamais frapé ma vûë: les flots s'élevoient comme des montagnes, & venoient fondre contre nous de moment à autre: de quelque côté que je tournasse les yeux, ce n'étoit que consternation. Deux Vaisseaux passerent auprés de nous pesamment chargés, qui avoient leurs mâts coupez rez pied, & nos gens s'écrierent, qu'un vaisseau qui étoit à un mille devant nous, venoit de couler à fond. Deux autres bâtimens, détachez de leurs ancres, avoient été jettez de la rade en pleine mer, voguans sans mâts à l'avanture. Les bâtimens legers se trouvoient le moins en bute à la tourmente, comme étant moins accablez de leur propre poids, & il en passa deux ou trois tout proche de nous, qui couroient vent arriere avec la seule voile de beaupré.

Vers le soir, le Pilote & le Contre-maître demanderent au Maître la permission de couper le mât de devant, à quoi ce dernier témoigna beaucoup de répugnance: mais le Contre-maître lui ayant representé, que si on ne le faisoit pas, le vaisseau s'enfonceroit infailliblement, il y consentit: & quand le mât de devant eût été coupé, celui du milieu branloit si fort, & donnoit de telles secousses, qu'on fut obligé de le couper pareillement, & de rendre le pont ras d'un bout à l'autre.

Je vous laisse à penser en quel état j'étois dans cette conjoncture, moi qui n'avoit point encore navigué, & à qui peu de chose avoit déja causé une telle épouvente. Mais si je puis de si loin rapeller les pensées que j'avois, le souvenir des leçons que j'aurois dû tirer du dernier péril, & le mépris que j'en avois fait, pour suivre ma premiere & méchante résolution, m'effrayoient plus que la mort. Ces réflexions jointes à l'horreur, qui naissoit naturellement de la tempête, me jetterent dans une situation, qu'il n'est pas permis d'exprimer. Mais nous n'en devions pas être quitte à si bon marché; la tempête continua avec tant de furie, que les Matelots eux-mêmes confesserent n'en avoir jamais vû une pire. Nôtre vaisseau étoit bon, mais extrêmement chargé, & si fort affaissé dans l'eau, que les Matelots s'écrioient de tems en tems qu'il alloit s'enfondrer. Je m'enquis de la signification de ce mot *enfondrer*, car je l'ignorois auparavant, & j'aurois dû en quelque façon chérir cette ignorance. Cependant la tempête étoit si violente, que je voyois ce qu'on voit rarement, le Maître, le Contre-Maître & quelques autres des plus notables, faisant leur priere, s'attendant à tout moment que le Vaisseau iroit à fond. Pour surcroît vers le milieu de la nuit, un homme qu'on avoit envoyé en bas pour visiter le fond de cale, s'écria, qu'il y avoit une ouverture, & un autre dit que nous avions quatre pieds d'eau. Alors on apella tout le monde à la pompe. Ce mot seul me jetta dans une telle consternation, que j'en tombai à la renverse sur mon lit, au bord duquel j'étois assis. Mais les gens du vaisseau s'en vinrent me tirer de ma léthargie, & me dirent que si je n'avois été propre à rien jusqu'ici, j'étois à cette heure aussi capable de pomper qu'aucun autre. Sur quoi je me levai, & m'en allai à la pompe, où je travaillai vigoureusement. Pendant que ces choses se passoient, le Maître voyant quelques bâtimens legers de Charbonniers, qui ne pouvant tenir contre la tempête, étoient obligez de gagner le large, & qui vouloient venir vers nous, fit tirer un coup de canon, pour signal de l'extrême danger où nous étions. Moi qui ne sçavoit ce que cela signifioit, je fus si étonné, que je crûs le vaisseau brisé, ou qu'il étoit arrivé quelqu'autre accident terrible; en un mot je m'évanoüis. Mais comme c'étoit en un tems, auquel un chacun pensoit à sa propre vie, on ne prenoit pas garde à moi, ni à l'état où je me trouvois; seulement un autre prit ma place à la pompe, & me poussant à côté avec son pied, me laissa tout étendu, dans la pensée que j'étois mort; & je ne revins à moi que long-tems aprés.

On continuoit de pomper: mais l'eau croissant à fond de cale, il y avoit toute aparence

que

que le vaisseau s'enfondreroit ; & quoique la tempête commençât tant soit peu à diminuer, il n'étoit pourtant pas possible qu'il voguât jusqu'à pouvoir entrer dans un Port. De sorte que le Maître persista à faire tirer le canon pour demander du secours. Un petit bâtiment qui venoit justement de passer devant nous, hazarda un bateau pour nous secourir: ce ne fut qu'avec beaucoup de risque que ce bateau aprocha, & il ne paroissoit nullement pratiquable que nous y entrassions, ni qu'il nous abordât, quand enfin les rameurs faisant les derniers efforts, & exposans leur vie pour sauver la nôtre, nous leur jettâmes de l'arriere une corde avec une bouhée, & lui donnâmes une grande longueur. Eux bravans & la peine & le danger s'en saisirent, & nous après les avoir tirez jusque sous la poupe, nous nous mîmes dans leur bateau. C'est en vain que nous aurions prétendu & les uns & les autres d'aborder à leur vaisseau ; ainsi tous convinrent qu'il faloit nous laisser flotter, mais tourner la pointe tant que nous pourions vers la terre : & nôtre Maître promit que si leur bateau étoit endommagé en touchant le sable, il en tiendroit compte au Maître de leur vaisseau. Donc partie en ramant, partie en suivant le gré du vent, nous déclinâmes au Nord presque jusqu'à Winterton-Nefs.

Il n'y avoit guéres plus d'un quart d'heure que nous avions quitté nôtre vaisseau, lorsque nous le vîmes couler à fond : & c'est alors que

que j'apris, pour la premiere fois, ce qu'on entendoit par couler à fond, en termes de marine : mais j'avouë franchement que j'avois la vûë un peu trouble, & qu'à peine pouvois-je discerner les choses quand les Matelots me dirent que le Bâtiment enfonçoit. Car dés le moment que je m'étois mis, ou plûtôt qu'ils m'avoient mis dans le bâteau, j'étois comme un homme pétrifié, tant à cause de la peur qui m'avoit saisi, que de ce que j'anticipois par mes reflexions toutes les horreurs de l'avenir.

Pendant ce tems-là nos gens faisoient force de rames pour aprocher de terre tant que nous pourrions ; & lorsque le bateau étoit au-dessus des vagues, d'où l'on avoit une vaste découverte, nous voyons grand nombre de personnes, qui accouroient le long du rivage, pour nous assister dés que nous serions proches. Mais nous n'avancions que peu vers la terre ; & même nous ne pouvions pas aborder jusqu'à ce que nous eussions passé le fanal de Winterton : car au-delà, la côte s'enfonce à l'Oüest du côté de Cromer, & ainsi elle brisoit un peu la violence du vent. Ce fut en cet endroit, & non sans de grandes difficultez, que nous descendîmes tous heureusement à terre. De-là nous allâmes à pied à Yarmouth ; où nous fûmes traitez d'une maniere capable de soulager des infortunez, c'est-à-dire avec beaucoup d'humanité ; soit de la part du

Tome I. B Ma-

Magistrat qui nous assigna de bons quartiers ; soit par des Marchands particuliers, & des proprietaires de vaisseaux, qui nous donnerent assez d'argent ou pour aller à Londres, ou pour retourner à *Hull*, si nous le jugions à propos.

C'est alors que je devois avoir le jugement de prendre le chemin de Hull pour m'en retourner à la maison. C'est la route qu'il m'auroit fallu tenir pour devenir heureux, & mon pere qui étoit un emblême de celui, dont il est parlé dans la parabole de l'Evangile, auroit même tué le veau gras : car ayant apris que le vaisseau, sur lequel je m'étois embarqué, avoit fait naufrage dans la rade de Yarmouth, il fut long-tems avant de sçavoir que je n'avois pas été noyé.

Mais ma mauvaise destinée m'entraînoit avec une force irrésistible. Et bien que souvent la raison & le jugement criassent tout haut, qu'il m'en falloit retourner chez moi, je ne pouvois pourtant m'y resoudre. Je ne sçai quel nom donner à ceci, ni ne prétends point affirmer que c'est un decret inviolable, qui nous pousse à être les instrumens de nôtre propre malheur, & à nous lancer dans le précipice qui est à nos pieds, & devant nos yeux. Mais véritablement il faloit que je fusse en quelque sorte destiné à une misere certaine & inévitable, pour prendre un parti si directement contraire à de solides raisonnemens, & à ma propre conviction ;

&

& dont le danger extrême que j'avois couru dés le commencement en deux tempêtes consecutives, étoit une leçon pathétique, qui auroit dû me détourner.

Mon Camarade qui avoit contribué à mon endurcissement, & qui étoit le fils du Maître, étoit maintenant bien plus découragé que moi. La premiere fois qu'il me parla à Yarmouth, (ce qui n'arriva qu'au second ou au troisiéme jour, parce que nous étions partagez en differens quartiers de la Ville) je m'aperçûs qu'il avoit changé de ton : il me demanda d'un air fort mélancolique & en secouant la tête, comment je me portois, & dit à son Pere qui j'étois, & que je m'étois mis de ce voyage pour un essai, dans le dessein d'en faire d'autres. Le pere se tournant de mon côté d'un air grave & touché: Jeune homme, dit-il, vous ne devez jamais plus retourner sur mer ; vous devez prendre ceci pour une marque certaine & visible, qu'il ne faut pas que vous frequentiez cet Element. Monsieur, lui dis-je, pourquoi cela ? est-ce que vous renoncez à la mer ? Mon cas, repliqua-t-il, est bien different ; je suis marinier de profession, c'est ma vacation ; il est de mon devoir de la remplir. Au lieu que vous n'avez entrepris ce voyage que pour essayer, & vous voyez quel avant-goût la Providence vous a donné de ce, à quoi vous vous devez attendre, en cas que vous persistiez ; peut-être êtes-vous la cause de tout ce qui nous est arrivé, comme fut autrefois Jonas sur le Vaisseau de Tarsis. Car enfin, ajoûta-t'il, qui êtes-vous, je vous prie, & pour quel sujet vous étiez-vous embarqué; Sur cela je lui fis une partie de mon histoire : mais il m'interrompit sur la fin, & s'emportant d'une étrange maniere il s'écria, qu'avois-je donc fait, pour mériter d'avoir à mon bord un tel malheureux? Non, je ne voudrois pas pour tous les biens du monde monter derechef sur un vaisseau où vous seriez. C'étoit-là, comme j'ai déja dit, un vrai emportement, mais où le chagrin de la perte qu'il avoit soufferte, avoit beaucoup de part, & où il passoit les limites de son autorité. Quoi qu'il en soit, il me parla ensuite avec beaucoup de gravité, il m'exhorta à m'en aller chez mon Pere, à ne pas tenter à mon dam la Providence; à reconnoître que le Ciel étoit visiblement courroucé contre moi; & enfin, jeune homme, dit-il sçachez que si vous ne vous en retournez, vous ne trouverez par tout que mauvais succès, & que desastre, jusqu'à ce que les paroles de vôtre Pere se vérifient en vous.

Je lui répondis fort peu de choses; nous nous séparâmes bien-tôt aprés, & je ne l'ai jamais vû depuis, ni ne sçai point qu'elle route il prit. Quand à moi, comme j'avois quelqu'argent dans ma poche, je m'en allai par terre à Londres. Là aussi-bien qu'en
che-

chemin, j'eus de grands débats avec moi-même sur le genre de vie que je devois prendre; sçavoir si je m'en irois à la maison, ou bien sur mer.

Pour ce qui étoit du premier article, la honte rejettoit bien loin les plus saintes pensées qui se presentoient à mon Esprit. Je m'imaginois d'abord que je serois montré au doigt dans tout le voisinage; & que j'aurois honte de paroître, non devant mon pere & ma mere seulement, mais même devant qui que ce soit. D'où j'ai souvent pris occasion de remarquer combien est perverse & brutale, l'humeur ordinaire de la plûpart des hommes & sur tout des jeunes gens, qui au lieu de se guider par la raison en telles occasions, ont à la fois honte de pécher & honte de se repentir: rougissans non pas de l'action qui doit les faire passer pour des insensez, mais de l'amendement, qui seul leur peut mériter le titre de sages.

Cependant je demeurai quelque-tems dans cet état d'irrésolution, ne sçachant ni quel parti, ni quel genre de vie j'embrasserois. Je continuois d'avoir une répugnance invincible à m'en retourner chez nous; à mesure que le tems se passoit, le souvenir de ma derniere détresse s'effaçoit de mon imagination; & s'il me venoit quelques legers desirs de retour, ils s'amortissoient: tellement qu'enfin j'en perdis tout-à-fait la pensée, & je cherchai à faire un Voyage.

Cette

Cette influence maligne qui m'avoit premierement entraîné hors de la maison de mon pere, qui m'avoit inspiré le dessein bizarre & temeraire de pousser ma fortune, qui s'étoit emparé de moi, jusqu'à me rendre sourd aux avis, aux remontrances, & même aux ordres de mon pere : cette influence, dis-je, quoi qu'elle fût, me fit concevoir de toutes les entreprises la plus funeste. Je m'embarquai sur un vaisseau qui alloit aux côtes de l'Afrique, ou pour parler le langage ordinaire des Matelots, pour un Voyage de *Guinée*.

Dans toutes ces Avantures ce fut un malheur pour moi, que je ne m'embarquasse pas en qualité de simple Matelot : car sur ce pied j'aurois à la verité travaillé plus fort que de coûtume, mais en même-tems j'aurois apris la marine, & me serois rendu capable de devenir Pilote, ou Lieutenant, & peut-être Maître d'un Vaisseau. Mais en ceci, comme en toute autre chose, j'étois destiné à choisir le plus mauvais ; & me sentant de l'argent dans la poche, & de bons habits sur le corps, je ne voulois point aller à bord qu'en habit de Gentilhomme ; de cette maniere je n'y avois aucun emploi, ni ne me mettois en état d'en avoir.

Dès que je fus arrivé à Londres, je fus assez heureux pour tomber en bonne compagnie ; chose qui n'arrive pas toûjours à un jeune homme aussi libertin & mal avifé que je l'étois : le diable ne manque gueres de tendre ses piéges ; mais je fus si heureux que de n'y pas donner. La premiere Personne avec qui je fis connoissance, fut un Maître de Vaisseau, lequel avoit été sur la côte de Guinée, & ayant eu un fort heureux succés, étoit résolu d'y retourner. Cet homme trouva du plaisir à ma conversation, qui n'étoit pas tout-à-fait desagréable en ce tems-là : & m'entendant dire que j'avois envie de voir le monde, il me proposa de m'embarquer avec lui pour le même Voyage ; que je ne serois pas obligé de faire aucune dépense ; que je mangerois avec lui, & serois son compagnon ; que si je voulois emporter quelque chose avec moi, je joüirois de tous les avantages que peut procurer le commerce ; & que peut-être le gain, qui m'en reviendroit, ne frustreroit pas mes esperances.

J'embrassai l'offre : & me liant d'étroite amitié avec le Capitaine, qui étoit un honnête homme & allant droit, j'entrepris de faire le Voyage avec lui. Je mis à l'avanture une somme, qui étoit à la verité petite, mais qui se multiplia considérablement par la probité & le désinteressement du Capitaine. Elle montoit en tout à quarante livres sterling, que j'employai en quincailleries suivant son conseil. J'avois amassé cet argent avec l'assistance de quelques-uns de mes parens, qui avoient correspondance avec moi, & qui, comme je crois, avoient engagé mon pere ou ma mere à contribuer autant que cela à ma premiere Avanture.

Je puis dire que de tous mes voyages celui-ci est le seul qui m'ait réüssi : j'en suis redevable à la bonne foi & à la generosité de mon ami le Capitaine. Car parmi plusieurs autres avantages que j'avois avec lui, j'eus encore celui d'aprendre passablement les Mathematiques, les régles de la Navigation, à tenir un compte de la course du vaisseau, & à faire mes observations. Enfin je m'acquis des connoissances absolument nécessaires à un Marinier : & s'il se plaisoit à m'enseigner je me plaisois à aprendre ; tellement que ce Voyage me rendit à la fois & Matelot & Marchand. En effet j'en raportai cinq livres & neuf onces de poudre d'or pour mon avanture, ce qui me valut à Londres environ trois cens livres sterling. Ce succés m'inspira de vastes projets, qui depuis causerent ma ruïne entiere.

Quelque fortuné que je fusse en ce voyage, je n'y fus cependant pas exemt d'infortune. Entr'autres choses j'y étois toûjours malade ; & j'eus une fiévre ardente causée par les chaleurs du Climat : car nôtre principal commerce se faisoit sur cette côte qui s'étend depuis le quinziéme degré de latitude Septentrionale jusqu'à la Ligne.

Enfin j'étois devenu Marchand de Guinée, mais pour mon malheur ce bon ami le Capi-

Capitaine du vaisseau, étoit mort peu de jours après nôtre arrivée. Neanmoins je me résolus à refaire le même voyage; & me rembarquai sur le même Vaisseau, avec un homme qui la premiere fois en avoit été le Pilote, & cette seconde en avoit le commandement. Jamais Navigation ne fut plus malheureuse que celle-ci : car quoique je portasse avec moi moins de cent pieces de l'argent que j'avois gagné, & que j'en eusse encore laissé deux autres cens, entre les mains de la Veuve de mon ami défunt, laquelle en usa avec beaucoup d'équité, il ne laissa pas de m'arriver d'étranges malheurs. Le premier fut, qu'en faisant route vers les Canaries, ou plûtôt entre ces Isles & la Côte d'Afrique, nous fûmes surpris à la pointe du jour par un Corsaire Turc de Sale, qui nous donna la chasse avec toutes ses voiles. De nôtre côté nous mîmes au vent toutes celles que nous avions, & que nos mâts pouvoient porter pour nous sauver : mais voyant qu'il gagnoit sur nous, & qu'au bout de quelques heures il ne manqueroit pas de nous avoir atteint, nous nous préparâmes au combat. Nous avions à bord douze canons : l'Ecumeur en avoit dix-huit. Sur les trois heures après midi il fut à nôtre portée, commença l'attaque & fit une méprise, car au lieu de nous prendre en arriere, comme c'étoit son dessein, il fit une décharge sur un de nos côtez : ce que voyant nous y pointâmes huit
de

de nos canons pour soûtenir son attaque, & lâchames une bordée qui le fit reculer : ce ne fut pourtant qu'après nous l'avoir renduë, & en faisant joüer sa mousqueterie, qui étoit de prés de deux cens hommes. Cependant nos gens se tenoient ferme ; aucun d'eux n'avoit été touché. Il se prépara à renouveller le combat, & nous à le soutenir. Mais étant venu de l'autre côté à l'abordage, soixante des siens se jetterent sur nôtre Pont, & commencerent à joüer de la hâche, coupant & taillant mâts & cordages. De nôtre côté nous les recevions à coups de mousquets, de demi-picques, de grenades & autres choses semblables, ensorte que nous les chassâmes par deux fois de dessus nôtre Pont. Neanmoins, pour ne pas insister sur cette époque lugubre de nôtre histoire, le vaisseau étant désemparé, trois de nos gens tuez, & huit autres blessez, nous fûmes contraints de nous rendre, & emmenez prisonniers à Salé, qui est un Port apartenant aux Maures.

Les traitemens qu'on me fit là ne furent point si terribles, que je l'aurois crû d'abord, & je ne fus point emmené avec le reste de nos gens loin dans le Pays, au lieu où l'Empereur fait sa demeure : mais le Capitaine du Corsaire me garda pour sa part de la Prise, comme étant jeune & agile, & par consequent tout propre pour lui. Un changement de condition si étrange, qui de Marchand me faisoit Esclave, m'abîma de

dou-

douleur. Je me ressouvins du discours vraiment prophetique de mon pere, qui m'avoit prédit que je serois miserable, & que je n'aurois personne pour me secourir dans ma misere. Ne connoissant pas un plus haut Periode de calamnité, il me paroissoit que la prédiction étoit entiérement accomplie, que la main de Dieu s'étoit apesantie sur moi, & que j'étois perdu sans ressource. Mais helas! ceci n'étoit qu'un échantillon des maux que je devois souffrir, comme on verra par la suite de cette Histoire.

Comme mon nouveau Patron, ou si vous voulez, mon nouveau Maître, m'avoit emmené chez lui dans sa maison, j'esperois aussi qu'il me prendroit avec lui lors qu'il iroit en mer, que sa destinée seroit tôt ou tard d'être pris par un Vaisseau de guerre Espagnol ou Portugais, & que de cette maniere je recouvrerois ma liberté: mais cette esperance s'évanoüit bien-tôt: car lors qu'il s'embarqua, il me laissa à terre, pour soigner son petit jardin, & pour faire les fonctions ordinaires d'un esclave dans la maison; & quand il fut de retour de sa course, il m'ordonna de coucher dans sa Cabane pour prendre garde au Vaisseau.

Etant à bord je ne pensois à autre chose qu'à m'échaper, & à la maniere dont je m'y prendrois pour cela; mais après y avoir bien médité, je ne trouvois aucun expédient qui pût satisfaire un esprit raisonnable, ni qui fût
tant

tant soit peu plausible ; car je n'avois personne à qui je pusse me communiquer, ni qui voulut s'embarquer avec moi : nul compagnon d'Esclave ; pas un seul Anglois, Irlandois, ou Ecossois ; j'étois le seul de cette Nation : tellement que pendant deux ans entiers, je ne vis pas la moindre aparence de pouvoir exécuter un tel projet, bien que j'en récreasse souvent mon imagination.

Au bout d'environ deux ans, il se presenta une occasion assez singuliere, qui réveilla en moi la pensée que j'avois conçuë dès longtems, de travailler au recouvrement de ma liberté. Comme mon Patron restoit à terre plus long-tems que de coûtume, & qu'il n'équipoit point son Vaisseau, & cela faute d'argent, à ce que j'apris, il ne manquoit point deux ou trois fois la semaine de sortir avec la grande Chaloupe, pour pêcher dans la Rade. Alors il me menoit avec lui, aussi-bien qu'un jeune Maresco pour ramer dans le bâteau : nous lui donnions tous deux du divertissement, & je me montrai fort adroit à la pêche : enfin il étoit si content, que quelquefois il m'envoyoit avec un Maure de ses parens & le jeune Maresco, pour lui pêcher un plat de poisson.

Il arriva une fois qu'étant allé pêcher le matin dans un grand calme, il s'éleva tout à coup un broüillard si épais, qu'il nous déroba la vûë de la terre, quoique nous n'en fussions pas éloignez d'une demi-lieuë, nous
nous

nous mîmes à ramer sans tenir de route certaine ; nous travaillâmes tout le jour & toute la nuit suivante ; le lendemain au matin nous nous trouvâmes en pleine mer, au lieu de nous aprocher du rivage, nous nous en étions éloignez tout au moins de deux lieuës: mais nous retournâmes à bon Port, quoique ce ne fut pas sans beaucoup de peine & même sans quelque danger ; car le vent commençoit à être un peu fort, & sur tout nous avions grand faim.

Cet accident rendit nôtre Patron plus précautionné pour l'avenir. Il résolut donc de n'aller plus à la pêche sans un Compas & quelques provisions, d'autant qu'il avoit en sa disposition le grand bâteau du Vaisseau Anglois qu'il avoit pris sur nous. Ainsi il ordonna à son Charpentier, qui étoit aussi un esclave Anglois, de construire au milieu de ce bâteau une Cahutte semblable à celle d'une barque, laissant suffisamment d'espace derriere & devant ; là pour manier le Gouvernail & haler la grande voile, ici pour le mouvement libre de deux personnes, qui pussent par consequent aplester * ou * enverguer, & faire toute la manœuvre. Ce bâteau cingloit avec une voile latine ou triangulaire, laquelle portoit par dessus la cabane : dans cette cabane, qui étoit fort étroite & fort basse,

* Deux termes de marine, dont le premier signifie, déplier, l'autre serrer les voiles.

basse, le Capitaine avoit assez de place pour y coucher avec un ou deux esclaves; pour une table à manger, pour de petites armoires, à mettre telles liqueurs qu'il voudroit, & particulierement son pain, son ris, & son caffé.

Il sortoit souvent avec ce bâteau pour aller à la pêche; & comme j'avois l'adresse de lui attraper beaucoup, il n'alloit jamais sans moi.

Or il arriva qu'il avoit fait partie avec deux ou trois Maures, qui étoient de quelque distinction dans ce lieu-là, pour sortir un jour avec ce bâteau, afin de pêcher & de se récréer. A cet effet il avoit fait des provisions extraordinaires, qu'il fit embarquer la veille dans le bâteau, & il m'ordonna de tenir tout prêts trois fusils avec du plomb & de la poudre, qu'il y avoit à bord du Vaisseau; parce qu'ils avoient dessein de prendre le plaisir de la chasse aussi-bien que celui de la pêche.

Je préparai toutes choses conformément à ses ordres. Le lendemain au matin je l'attendois dans le bateau que j'avois bien lavé, & rendu bien propre, & où j'avois arboré les flammes & les pendants: en un mot je n'avois rien oublié de ce qui pouvoit contribuer à bien recevoir ses hôtes, lorsque je vis venir mon Patron tout seul, qui me dit que ses convives avoient remis la partie à une autrefois, à cause de quelques affaires qui étoient survenuës. Il m'ordonna en même tems d'aller avec le bâteau

accom-

accompagné comme de coûtume, de l'homme & du jeune garçon pour lui prendre du poisson ; parce que ses amis devoient souper chez lui, & il m'enjoignit de le porter à sa maison dès aussi-tôt que j'en aurois attrapé. A quoi je me disposai d'abord d'obéïr.

Ce moment fit renaître mon premier dessein de m'affranchir de mon esclavage : car je considerois que j'étois sur le point d'avoir un petit Vaisseau à mon commandement : & dès que mon Maître se fut retiré, je commençai à me preparer, non pas à une pêche, mais à un voyage ; quoique je ne susse, ni ne pensasse pas même quelle route je prendrois. En effet celle qui devoit m'éloigner de ce triste sejour quelle qu'elle fut, me paroissoit toûjours assez favorable.

La premiere démarche que je fis, ce fut de m'adresser à ce Maure, sous le specieux pretexte de pourvoir à nôtre subsistance pour quand nous serions à bord. Je lui dis donc qu'il ne nous falut pas présumer de manger du pain de nôtre Patron : il répondit que j'avois raison ; ainsi il alla chercher un pannier de biscuit de leur façon, & trois jarres d'eau fraîche, qu'il aporta à bord. Je sçavois l'endroit où étoit placée la cave, dont la structure faisoit bien voir que c'étoit une prise faite sur les Anglois. J'en allai tirer les bouteilles, & les portai au bateau dans le tems que le Maure étoit à terre, circonstance qui lui donneroit à juger, qu'elles
avoient

avoient été là auparavant pour l'usage de nôtre Maître. J'y transportai encore une grande piece de cire, pesante de plus de cinquante livres, avec un pacquet de fisselle, une hâche, un marteau; toutes lesquelles choses nous furent dans la suite d'un grand usage, & sur tout la masse de cire pour faire des chandelles. Je tendis à mon homme un autre piége, dans lequel il donna tout bonnement, & voici comment. Son nom étoit Ismaël, & c'est ce qu'ils appellent en ce pays-là Muli ou Moëli. Moëli, lui dis-je, nous avons ici les fusils de nôtre Patron, ne pourriez-vous pas nous procureur de la poudre & du menu plomb; car nous pourrions trés-bien tuer des Alcamies (qui est une espece d'oiseaux aquatiques) pour nous autres; & je sçai qu'il a laissé à bord du Vaisseau les provisions de la Ste. Barbe: ouida, repliqua-t-il, j'en vais chercher: & conformément à sa parole il aporta bien-tôt deux poches de cuir, l'une fort grande, où il y avoit environ une livre & demie de poudre & même davantage; l'autre pleine de plomb avec quelques balles parmi: celle-ci pesoit bien cinq ou six livres, & nous mîmes tout cela dans le bateau. De mon côté j'avois trouvé de la poudre dans la chambre du Capitaine, & j'en remplis une des grandes bouteilles que j'avois trouvées dans la cave, aprés avoir versé dans un autre le peu qui restoit dedans. Nous étant ainsi pourvû de toutes les choses necessaires

DE ROBINSON CRUSOE. 33

faires, nous mîmes à la voile, & sortîmes du Port pour aller à la pêche. Le Château qui est à l'entrée du Port, sçavoit qui nous étions, & ne prit pas connoissance de nôtre sortie. A peine étions-nous à une mille du Port lorsque nous amenâmes nôtre voile, & nous assîmes pour pêcher. Le vent souffloit Nord-Nord-Est, & par consequent étoit contraire à mes desirs, car s'il eût été Sud, j'aurois assuré de gagner les côtes d'Espagne, & du moins de me rendre dans la Baye de Cadix. Mais de quelque côté que vint le vent, ma résolution étoit de quitter cette horrible demeure, & abandonner le reste au Destin.

Nous pêchâmes long-tems sans rien prendre, car lorsque je sentois un poisson à mon hameçon, je n'avois garde de le tirer hors de l'eau de peur que le Maure ne le vît. Alors je lui dis, ceci ne vá rien qui vaille ; nôtre Maître n'entend point raillerie, il veut être bien servi ; il faut aller plus loin. Lui qui n'entendoit point de malice, opina de même, & étant allé à la prouë, il aplesta les voiles. Moi qui étoit au Gouvernail, je conduisis le bateau prés d'une lieuë plus loin ; aprés quoi je fis * amener, faisant mine de vouloir pêcher. Mais tout à coup laissant le timon au petit garçon, je m'avançai vers la prouë, où le Maure étoit ; & faisant comme si je me baissois pour ramasser quelque chose qui étoit der-

Tome I.   C   riere

* C'est-à-dire abatre la vergue pour arrêter.

riere lui, je le saisis par surprise; & lui passant le bras entre les deux cuisses, je le lançai tout net hors du bord dans la mer. D'abord il revint au dessus de l'eau, car il nageoit comme un canard; il m'appella, il me suplia de le recevoir à bord, protestant de me suivre d'un bout du monde à l'autre si je voulois. Il nâgeoit avec tant de vigueur derrierre le bateau, qu'il m'alloit bien-tôt atteindre, parce qu'il ne faisoit que peu de vent: ce que voyant je cours à la cahutte, j'en tire un des fusils, je le couche en jouë, & lui parlai de la sorte: écoutez, mon ami, je ne vous ai point fait de mal ni ne vous en ferai point, pourvû que vous restiez en repos: Vous sçavez assez bien nager pour gagner le rivage, la mer est calme; hâtez-vous d'en profiter, pour faire le chemin que vous avez d'ici à terre, & nous nous quitterons bons amis: mais si vous aprochez de mon bord, je vous décharge un coup de fusil à la tête; car je suis résolu d'avoir ma liberté. A ces mots il ne repliqua rien, se retourna d'un autre côté, & se mit à nager vers la côte. C'étoit un excelent nageur, ainsi je ne doute point qu'il n'y ait aisément abordé.

Je me serois determiné à noyer le petit garçon, & j'aurois été bien-aise de garder le Maure avec moi; mais il n'étoit pas sûr de se fier à lui aprés que je m'en fus défait de la maniere que je viens de dire, je me tournai vers le petit garçon, qui s'apelloit Xuri:

Xuri,

Xuri, lui dis-je, si vous me voulez être fidéle, je ferai vôtre fortune ; mais à moins que vous ne me le promettiez en mettant la main sur vôtre face, & que vous ne me le juriez par Mahomet & par la barbe de son pere, il faut que je vous jette aussi dans la mer. Ce petit garçon me fit un sous-rire, & me parla si innocemment, qu'il m'ôta tout sujet de défiance ; ensuite il fit serment de m'être fidéle, & d'aller avec moi partout où je voudrois.

Tandis que le Maure, qui étoit à la nage, fut à la portée de ma vûë, je ne changeai point de route, aimant mieux bouliner contre le vent, afin qu'on crût que j'étois allé vers le Détroit. En effet l'on ne se seroit jamais imaginé qu'un homme dans son bon sens pût prendre d'autre parti, ni que nous ferions voile au Sud, vers des Regions toutes barbares, où des Nations entieres des Négres nous enveloperoient selon toutes les aparences avec leurs canots, pour nous égorger ; où nous ne pourrions prendre terre sans nous exposer à être dévorez par des bêtes feroces ou par des hommes sauvages, plus cruels que les bêtes mêmes.

Mais dés qu'il commença à faire un peu sombre, & que je vis que la nuit aprochoit, j'alterai ma course, & mis le cap droit au Sud-quart, au Sud-Est, tirant un peu vers l'Est, pour ne pas trop m'écarter de terre : Et comme j'avois un vent frais & favorable, & que la surface de la mer étoit riante & paisible,

je

je fis tant de chemin, que je crois que le lendemain sur les trois heures après midi, lorsque je découvris premierement la terre, je ne pouvois pas être à moins de cent cinquante milles de Salé vers le Sud; bien au-delà des domaines de l'Empereur de Maroc, ou d'aucun autre Roi de ses voisins, car nous n'y vîmes ame du monde.

Cependant je redoutois si fort les Maures, & j'avois si grand peur de tomber entre leurs mains, que je ne voulus ni m'arrêter, ni prendre terre, ni moüiller l'ancre: mais je continuai ma course pendant cinq jours entiers que dura ce vent favorable, au bout duquel tems le vent changea, & devint Sud. Alors je conclus, que si j'avois à mes trousses aucun bâtiment de Salé, il cesseroit de me donner la chasse. Ainsi je me hazardai à approcher de la Côte; je jettai l'ancre à l'embouchure d'une petite riviere, dont j'ignorois le nom, la latitude, le Païs par où elle passoit, les Peuples qui en habitoient les bords, je ne vis, ni ne me souciois de voir aucune personne: ce dont j'avois plus de besoin, étoit de l'eau fraîche. C'est sur le soir que nous entrâmes dans cette petite Baye, je résolus dès aussi-tôt qu'il feroit nuit d'aller à la nage, & de reconnoître le Païs. Mais la nuit étant venuë nous entendîmes un bruit si épouvantable, causé par les hurlemens & les rugissemens de certaines bêtes sauvages, dont nous ne sçavions point
l'es-

l'espece, que le pauvre petit garçon faillit à en mourir de peur, & me suplia instamment de ne vouloir point débarquer jusqu'à ce qu'il fut jour. Je me rendis à sa priere, & je lui dis : » non, Xuri, je ne veux point débar- » quer maintenant : mais aussi, ajoûtai-je, » le jour poura nous faire voir des hommes, » qui sont aussi à craindre pour nous que ces » Lions. « *Alors*, reprit-il en riant, *nous tirer à eux un bon coup de fusil, pour faire eux prendre fuite* ; car Xuri n'avoit pas apris à parler un langage plus pur, en conversant avec nos esclaves. Cependant j'étois bien aise de voir qu'il eût si bon courage, & pour le fortifier encore davantage, je lui donnai un petit verre de liqueur, que je tirai de la cave de nôtre Patron. Après tout l'avis de Xuri étoit bon : aussi le suivis-je : nous jettâmes nôtre petite ancre, & nous demeurâmes coi toute la nuit ; je dis que nous demeurâmes coi, car il n'étoit pas possible de dormir, parce que quelque-tems après nous aperçûmes des animaux d'une grosseur extrême, & de plusieurs sortes, ausquels nous ne sçavions quel nom donner, qui descendoient vers le rivage, & couroient dans l'eau, où ils se lavoient, & se vautroient pour se rafraîchir ; & ils poussoient des cris si terribles, que de mes jours je n'oüis rien d'aprochant.

Xuri étoit dans une frayeur terrible, & à ne point mentir, je n'en étois pas exempt. Mais ce fut bien pis, quand nous entendîmes

mes un de ces animaux énormes, qui venoit à la nage vers nôtre bâteau. A la verité nous ne le pouvions pas voir; mais il étoit aifé de connoître au bruit de fes nazeaux, que ce devoit être une bête prodigieufement groffe & furieufe. Xuri difoit que c'étoit un Lion, & cela pouvoit bien être; & le pauvre garçon me crioit de lever nôtre ancre, & de nous enfuïr à force de rames. Mais je lui répondis que cela n'étoit point nécessaire: qu'il suffiroit bien de filer nôtre cable avec une bouée, de nous écarter en mer, & qu'il ne pouroit pas nous fuivre fort loin. Je n'eus pas plûtôt achevé ces paroles, que j'aperçûs cet animal, quel qu'il fut, qui n'étoit pas à plus de deux toifes loin de nous; ce qui m'effraya un peu: mais enfin je courus d'abord à l'entrée de la cabane, où je pris mon fufil, & tirai deffus: furquoi il fe tourna bien vîte d'un autre côté, & s'en retourna au rivage en nageant.

Mais il eft impoffible de donner une jufte idée des cris & des hurlemens horribles qui s'éleverent tant au bord de la mer, que plus avant dans les terres, au bruit & au retentiffement de mon coup de fufil: & il y a quelque aparence que ces animaux n'avoient jamais rien entendu de femblable auparavant. Cela me fit voir clairement, qu'il n'y avoit pas moyen de fe hazarder fur cette côte pendant la nuit: il ne me paroiffoit pas même qu'il y eût aucune fureté à le faire

pen-

pendant le jour : car de tomber entre les mains des Sauvages, ou bien entre les griffes des Tigres & des Lions, c'eſt une choſe qui nous auroit été également funeſte, ou du moins que nous redoutions également.

Quoiqu'il en ſoit, nous étions obligez de prendre terre quelque part pour faire aiguade, car nous n'avions pas une pinte d'eau de reſte. Mais ſçavoir quel tems & quel lieu choiſir pour cela, c'étoit la difficulté. Xuri me dit que ſi je le laiſſois aller à terre avec une jarre, il ſe faiſoit fort de découvrir de l'eau, s'il y en avoit, & qu'il m'en aporteroit. Je lui demandai la raiſon pourquoi il y vouloit aller : s'il ne valoit pas mieux que j'y allaſſe moi-même, & qu'il reſtât à bord ? Il me répondit avec tant d'affection, que je l'en aimai toûjours depuis. C'eſt, dit-il en ſon langage corrompu, *c'eſt que ſi les Sauvages hommes ils viennent, eux mangent moi, & puiſſiez ſauver vous.* » Eh bien, répondis-je, » eh bien mon cher Xuri, nous irons tous » deux : ſi les Sauvages viennent, nous les tue- » rons, & nous ne leur ſervirons de proye ni » l'un ni l'autre. « Aprés cela je lui donnai à manger un morceau de biſcuit, & lui fis boire un petit verre de liqueur, de celle que me fourniſſoit la caiſſe de nôtre Patron dont j'ai déja parlé ; nous halâmes le bâteau auſſi prés du rivage que nous le jugeâmes convenable, & nous deſcendîmes à terre, ne portant avec nous que nos armes, & deux jarres pour puiſer de l'eau.

Je

Je n'ofois m'écarter du bateau jufqu'à le perdre de vûë, de crainte que les Sauvages ne defcendiffent le long de la riviere avec leurs canots; mais le petit garçon ayant découvert un lieu enfoncé à prés d'un mille avant dans les terres, il s'y en alla en trottant; quelque tems aprés je le vis revenir courant de toutes fes forces. La penfée me vint qu'il étoit pourfuivi par quelque Sauvage, ou épouvanté par une bête feroce, j'accourus à fon fecours: mais quand je fus affez proche, je vis quelque chofe qui lui pendoit à l'épaule, c'étoit une bête qu'il avoit tirées & qui reffembloit à un Liévre, avec cette difference, qu'elle étoit d'une autre couleur & qu'elle avoit les jambes plus longues. Enfin la viande en étoit fort bonne, & cét exploit nous caufa beaucoup de joye: mais celle qui tranfportoit le pauvre Xuri venoit de ce qu'il avoit trouvé de l'eau, fans avoir vû des Sauvages; & c'étoit pour m'annoncer cette bonne nouvelle, qu'il étoit fi empreffé.

Nous vîmes enfuite qu'il n'étoit point néceffaire de nous donner tant de peine pour avoir de l'eau, car nous trouvâmes que la marée ne montoit que fort peu dans la riviere; & que lors qu'elle étoit baffe, l'eau étoit douce un peu au deffus de l'embouchure; ainfi nous remplimes nos jarres; nous nous régalâmes du liévre que nous avions tué, & nous nous difpofâmes à reprendre nôtre route, te, laissant cette contrée sans y avoir remarqué les traces d'aucune Creature humaine.

Comme j'avois fait déja un voyage à cette côte auparavant, aussi sçavois-je bien que les Isles Canaries & celles du Cap Verd n'en étoient pas fort éloignées. Mais n'ayant aucun des instrumens propres à prendre la latitude tant de nôtre situation que de celle des Isles; & que d'ailleurs ma memoire ne me fournissoit aucune lumiere sur le dernier article, je ne sçavois où les aller chercher, non plus que l'endroit où il me faudroit précisément larguer pour y diriger ma course. Sans tous ces obstacles j'aurois pû aisément gagner quelqu'une de ces Isles. Mais mon esperance étoit qu'en suivant la côte jusqu'à ce que j'arrivasse à cette Partie, où les Anglois font leur Commerce, je rencontrerois quelqu'un de leurs Vaisseaux allans & venans à l'ordinaire, lequel voudroit bien nous recevoir & nous tirer de la misere.

Autant que j'en puis juger par le calcul que j'ai fait, il falloit que le lieu où nous étions alors, fut cette Region, laquelle étant située entre les Terres de l'Empereur de Maroc d'un côté, & la Nigritie de l'autre, est entierement deserte & inhabitée, hormis des bêtes feroces. Il y avoit autrefois des Négres, qui l'ont abandonné depuis, & se sont retirez plus avant du côté du Sud de peur des Maures; ceux-ci ne se sont pas soucié d'y demeurer à cause de la sterilité: & ce qui pouvoit égale-

également éloigner les uns & les autres, c'est la quantité prodigieuse de Tigres, de Lions, de Leopars & d'autres animaux furieux qui infectent le Païs, ensorte que les Maures n'y vont jamais que pour chasser, & cela au nombre de deux ou trois milles hommes à la fois. En effet dans l'étenduë de prés de cent milles, nous ne voyons que de vastes deserts pendant le jour, & nous n'entendions qu'hurler & rugir pendant la nuit.

Il me sembla plus d'une fois, que je voyois de jour le mont *Pico*, de l'Isle Teneriffe, l'une des Canaries : j'avois grande envie de mettre au large, pour essayer si je ne pourois point l'atteindre ; c'est ce que je voulus faire par deux fois, mais toûjours les vents contraires, & le mer enflée pour mon petit bâtiment, me forçoient à rebrousser. Cela me fit résoudre à continuer mon premier dessein qui étoit de côtoyer.

Aprés que nous eûmes quitté cet endroit là, nous fumes souvent contraints de prendre terre pour faite aiguade ; une fois entr'autres qu'il étoit de bon matin, nous vîmes moüiller sous une petite pointe de terre qui étoit assez élevée ; & comme la marée montoit, nous attendions tranquillement, qu'elle nous portât plus avant. Xuri, qui avoit, à ce qu'il paroît, les yeux plus alertes que moi, m'apella tout bas & me dit que nous ferions mieux de nous éloigner du rivage. » Car, *continua-t'il*, ne voyez vous pas

» pas le Monstre effroyable qui est étendu, » & qui dort sur le flanc de cette monticule? Je jettai les yeux du côté qu'il montroit du doigt ; & véritablement je vis un monstre épouventable: car c'étoit un Lion d'une grosseur énorme & terrible, couché sur le penchant d'une éminence ; & dans une petite enfonçûre qui le mettoit à l'ombre. » Xuri, » *dis-je alors*, allez à terre, & vous le tuerez. » Xuri parut tout effrayé de ce que je lui proposois, & me fit cette réponse, *moi tuer lui ? helas ! lui croqueroit moi d'un morceau.* Enfin je ne parlai pas davantage de cela, mais je lui dis de ne point faire de bruit. Nous avions trois fusils ; je commençai par prendre le plus grand, qui avoit presque un calibre de mousquet, j'y mis une bonne charge de poudre, & trois grosse balles, & je le posai à côté de moi : j'en pris un autre que je chargeai à deux balles : & enfin le troisiéme dans lequel je fis couler cinq chevrotines. Ensuite reprenant celui qui avoit été chargé le premier, je mets du tems à bien mirer, & je vise à la tête de l'animal : mais comme il étoit couché de maniere, qu'une de ses pattes lui passoit par dessus le muzeau, les balles l'atteignirent autour du genou, & lui casserent l'os de la jambe. Il s'éleva d'abord en grondant, mais sentant sa jambe cassée il retomba : & puis il se releva encore sur les trois jambes, se mettant à rugir d'une force épouvantable. J'étois un peu surpris de ne

l'avoir

l'avoir point blessé à la tête, mais enfin je me saisis sur le champ du second fusil : & quoi qu'il commençât à se remuer & à détaler, je lui déchargeai un autre coup, qui lui donna dans la tête : & j'eus le plaisir de le voir tomber roide, ne faisant que peu de bruit, mais se debatant comme étant aux abois. Alors Xuri prend courage, & demande que je le laisse aller à terre, je le lui permets : ainsi il se jette dans l'eau sans balancer, tenant un petit fusil d'une main, il nage de l'autre jusqu'au rivage ; s'avance tout prés de l'animal, & lui apliquant à l'oreille le bout du fusil, lâche un troisiéme coup qui l'acheva.

A la verité cette expedition nous donnoit du divertissement, mais non pas de quoi manger : & il me fâchoit bien de perdre trois charges de poudre & de plomb sur une bête qui ne nous feroit bonne à rien. Neanmoins Xuri dit qu'il en vouloit tirer quelque chose. Ainsi il vint à bord, & me pria de lui donner la hache. Je lui demandai qu'est-ce qu'il en vouloit faire, & il me répondit, *moi couper sa tête*. Quoi qu'il en soit, cette exécution se trouva au-dessus de ses forces ; & il se contenta de lui couper une patte, qu'il aporta, & qui étoit d'une grosseur monstrueuse.

Je fis pourtant réflexion que sa peau pouroit bien ne nous être pas tout-à-fait inutile ; & cela me fit resoudre de l'écorcher si j'en
pou-

pouvois venir à bout. Ainsi Xuri & moi nous nous mîmes aprés : mais Xuri s'y entendoit le mieux de nous deux, & je sçavois fort peu comment m'y prendre. Cette operation nous ocupa toute la journée, mais aussi nous enlevâmes le cuir ; & l'ayant étendu pardessus nôtre cabane, le Soleil le secha en deux jours : je m'en servis dans la suite en guise de matelas.

Au partir de là, nous fimes voile vers le Sud durant dix ou douze jours sans discontinuer, épargnant fort nos provisions ; qui commençoient à diminuer, & ne prenant terre qu'autant de fois que nous en avions besoin pour aller chercher de l'eau. Mon dessein étoit de pouvoir parvenir à la hauteur de la riviere Gambia autrement Senega, c'està-dire aux environs du Cap Verd, où j'esperois de trouver quelque bâtiment Européen : que si j'étois frustré de cette esperance, je ne sçavois qu'elle route prendre, si ce n'est de me mettre en quête des Isles, ou bien de me livrer à la merci des Négres. Je sçavois que tous les Vaisseaux qui partent d'Europe pour la Guinée, le Bresil, ou les Indes Orientales, moüillent à ce Cap ou à ces Isles ; en un mot je ne voyois dans ma destinée que cette alternative, ou de rencontrer quelque Vaisseau, ou de périr.

Quand nous eûmes continué nôtre course pendant dix jours de plus, comme je l'ai déja dit, j'aperçûs que la côte étoit habitée, & nous vîmes en deux ou trois endroits

des gens, qui se tenoient sur le rivage pour nous voir passer, nous pouvions même voir qu'ils étoient noirs & tout nuds. J'avois envie de débarquer, & d'aller à eux ; mais Xuri, qui ne me donnoit jamais que de sages conseils, m'en dissuada : néanmoins je voguai près de terre afin que je pusse leur parler : en même tems ils se mirent à courir le long du rivage: je remarquai qu'ils n'avoient point d'armes, excepté un d'entr'eux, portant à la main un petit bâton que Xuri disoit être une lance, & qu'ils sçavoient jetter fort loin, & avec beaucoup d'adresse. Ainsi je me tins en distance, & leur parlai par signes le mieux que je pûs. En ce langage muet je leur demandai entr'autres quelque chose à manger, eux me firent entendre d'arrêter mon bateau, & qu'ils m'iroient chercher de la viande. Là-dessus j'abaissai le haut de ma voile, & nous calames. Cependant il y en eut deux qui s'encoururent un peu loin dans les terres, & qui dans moins d'une demie heure furent de retour. Ils apportoient avec eux deux morceaux de viande seche, & du grain tel que ce pais-là en pouvoit produire : mais nous ne sçavions ni quelle sorte de viande, ni quelle sorte de blé c'étoit, & toutefois nous étions fort contens de l'accepter. Il s'agisoit seulement de sçavoir avec quelle précaution s'en emparer : car je n'étois point d'humeur à les aller joindre à terre, & de leur côté ils avoient peur de
nous

nous. Ils prirent un bon biais & pour les uns & pour les autres ; c'est qu'ils aporterent ce qu'ils avoient à nous donner, sur le rivage, & l'ayant mis à terre, se retirerent, & se tinrent loin de là, jusqu'à ce que l'étant allé chercher, nous l'emportâmes à bord ; après quoi ils revinrent au rivage comme auparavant.

Comme nous n'avions rien à leur donner, nôtre connoissance se borna d'abord à leur faire plusieurs signes pour les remercier. Mais il se presenta sur le champ même une occasion favorable de les obliger extrêmement. Car comme nous étions prés de terre, où nous avions amené, voici deux animaux puissans qui descendoient des montagnes vers la mer, dont l'un poursuivoit l'autre, à ce qui paroissoit, avec beaucoup de chaleur : si c'étoit le mâle qui étoit après la femelle, & s'ils étoient en amour ou en fureur, c'est ce que nous ne sçaurions dire ; je ne déciderai pas non plus que ce fût une chose ordinaire, ou qu'il y eût d'extraordinaire ; mais je croirois plûtôt le dernier : premierement parce que ces bêtes feroces paroissoient rarement, sinon de nuit : & secondement ces peuples sembloient en être terriblement effrayez, & sur tout les femmes. L'homme qui avoit une lance ou un dard à la main, ne s'enfuyoit pas, mais bien les autres. Néanmoins ces animaux ne firent point mine de se vouloir jetter sur les Négres, car ils
cou-

coururent droit à la mer, se plongérent dans l'eau, & se mirent à nager çà & là, comme s'ils n'eussent cherché qu'à se jouër. A la fin l'un d'eux commença à venir de nôtre côté, & s'en aprochoit déja beaucoup plus que je ne m'y attendois d'abord ; mais j'étois tout prêt à le recevoir ; car j'avois chargé mon fusil avec toute la diligence possible, & je dis à Xuri de charger les deux autres. Dès qu'il fut à ma portée, je lâchai mon coup, & lui donnai droit dans la tête; d'abord il alla à fond de l'eau, mais aussitôt il se releva : ensuite il se debatit longtems, s'enfonçant & revenant au-dessus tour à tour, aussi étoit-il aux abois. Car comme il s'efforçoit de gagner le rivage, il mourut à mi-chemin, tant à cause de la playe mortelle qu'il avoit reçûë, que de l'eau qui l'étouffoit.

L'étonnement, où le feu & le bruit du fusil jetterent ces pauvres Créatures, est au-dessus de tout ce que je puis dire. Quelques-uns faillirent à en mourir de peur, & tomberent à la renverse. Mais quand ils virent que l'animal étoit mort, qu'il étoit allé à fond & que je leur faisois signe de venir au rivage, le cœur leur revint, ils s'aprocherent, & se mirent à chercher la bête. L'eau qui étoit teinte de son sang me la fit découvrir, & par le moyen d'une corde que je lui fis passer autour du corps, & que je leur donnai à haler, ils la tirerent dehors. Il se trou-

trouva que c'étoit un Leopard des plus curieux, parfaitement bien marqueté, & d'une beauté admirable. Les Négres, ne pouvant pas s'imaginer avec quoi je l'avois pû tuër, levoient les mains vers le Ciel, pour témoigner leur surprise.

L'autre animal épouventé du feu qu'il avoit vû, aussi-bien que du coup qu'il avoit entendu, se hâta vers le rivage en nageant, & de-là s'enfuit aux montagnes, d'où ils étoient venus, sans que je pusse discerner à une telle distance, ce que c'étoit. Je vis bien d'abord que les Négres avoient envie d'en manger la chair : ainsi j'étois bien-aise de m'en faire un mérite auprés d'eux. Et quand je leur eûs fait connoître par signe qu'ils la pouvoient prendre, ils m'en témoignerent mille remercimens. Ils se jetterent dessus sans differer, & quoiqu'ils n'eussent point de couteaux, ils ne laisserent pas de lever la peau avec un morceau de bois pointu ; & cela beaucoup plus aisément, que nous ne l'aurions pû faire avec un couteau. Ensuite ils m'en offrirent ma part : ce que je refusai, leur donnant à entendre que j'étois bien-aise de leur en faire un present, mais que je m'en réservois la peau. Ils me l'envoyerent de bonne foi, ajoutant à cela une bonne quantité de leurs provisions, que j'acceptai toutes inconnuës qu'elles m'étoient. Ensuite je leur fis signe pour avoir de l'eau, & leur montrai une de mes jarres, la tournant sans dessus dessous,

pour

pour faire voir qu'elle étoit vuide, & que j'avois besoin qu'on me la remplît. Sur le champ ils apellerent quelques uns des leurs, & il vint deux femmes portant ensemble un gros vaisseau de terre, qui paroissoit cuite au Soleil. Elles le poserent sur le sable, & se retirérent, comme firent ceux qui nous avoient aporté des provisions auparavant. J'envoyai Xuri à terre avec les trois jarres qu'il remplit toutes trois. Les femmes étoient toutes nuës aussi-bien que les hommes.

Je me voyois avec une quantité d'eau suffisante : j'avois outre cela des racines, dont je ne connoissois point trop la qualité, & du bled tel quel. Avec ces provisions je prends congé des Négres mes bons amis ; je remets à la voile, & continuë ma course au Sud pendant onze jours ou environ ; durant lesquels je ne me mis point en peine d'aprocher de terre. Au bout de ce terme je vis que le Continent s'allongeoit bien avant dans la mer : c'étoit justement vis-à-vis de moi à quatre ou cinq lieuës de distance : il faisoit un grand calme, & je fis un long détour à larguer pour pouvoir gagner la pointe : j'en vins à bout ; & lorsque je la doublai, j'étois à deux lieuës du Continent, voyant distinctement d'autres terres à l'oposite. Alors je conclus, ce qui étoit bien vrai, que j'avois d'un côté le Cap Verd, & de l'autre les Isles qui en portent le nom. Je ne sçavois pourtant pas encore auquel des deux je devois
vois

vois me tourner : car s'il survenoit un vent un peu fort, je pouvois bien manquer l'un & l'autre.

Dans cette perplexité je devins rêveur. J'entrai dans la Cabane laissant à Xuri le soin du Gouvernail, & je m'assis. Mais tout à coup ce petit garçon s'écria : *Maître, Maître, je vois un Vaisseau à la voile :* & il paroissoit si effrayé, qu'il ne se possedoit pas ; assez simple pour s'imaginer que c'étoit un bâtiment que son Maître avoit envoyé à nôtre poursuite ; dans le tems que j'étois très-assuré que la distance des lieux ne nous permettoit plus de rien craindre de ce côté-là. Je sortis avec précaution de la cabane ; & non-seulement je vis le Vaisseau, mais encore je reconnus qu'il étoit Portugais. Je le pris d'abord pour un de ceux qui trafiquent en Négres aux côtes de la Guinée. Mais quand j'eus remarqué la route qu'il tenoit, je fus bien-tôt convaincu qu'il alloit ailleurs, & qu'il n'avoit pas dessein de s'aprocher de terre davantage. C'est pourquoi je fis force de voiles & de rames pour avancer en haute mer dans le dessein de leur parler, s'il étoit possible.

Après avoir fait tout ce qui dépendoit de moi, je trouvai que je ne pourois pas aller à leur rencontre, & qu'ils me laisseroient derriere, avant que je pusse leur donner aucun signal. Mais dans le moment que j'avois épuisé toutes les ressources de mon art pour hâter

hâter ma course, & que je commençois à perdre esperance, il parut qu'ils m'avoient aperçû avec leurs lunettes d'aproche; & que nous prenant pour le bateau de quelque Vaisseau Européen qui avoit péri, ils mettoient moins de voiles qu'auparavant, pour nous donner le tems de les aller joindre. Cela me donna bon courage, & comme j'avois à bord le Pendant de mon Patron, je le suspendis en écharpe à nos cordages, pour leur faire entendre par ce signal, que nous étions en détresse, & je tirai là-dessus un coup de fusil. Ils remarquerent fort bien l'un & l'autre : car ils me dirent après, qu'ils avoient aperçû la fumée, quoi qu'ils n'eussent point entendu le coup. A ces signaux ils calerent leurs voiles, & ils eurent l'humanité de s'arrêter pour moi, de sorte qu'en près de trois heures de tems je me rendis près d'eux.

Ils me demanderent qui j'étois, en Portugais, en Espagnol & en François; mais je n'entendois aucune de ces Langues. A la fin un Matelot Ecossois, qui étoit à bord, m'adressa la parole. Je lui répondis, & dis que j'étois Anglois de nation, & que je m'étois sauvé de l'esclavage des Maures de Salé. Alors ils m'inviterent à bord, & m'y reçûrent fort genereusement avec tout ce qui m'appartenoit.

On peut bien juger que c'étoit une joye indicible, que celle que je ressentis, de me voir ainsi délivré d'une condition aussi mi-
sera-

serable & aussi desesperée, que l'avoit été la mienne. D'abord j'offris tout ce que j'avois au Capitaine du Vaisseau pour témoignage de ma reconnoissance; mais il déclara généreusement, qu'il ne vouloit rien prendre de moi; qu'au contraire tout ce que j'avois me seroit dûëment délivré au Brezil: Car, dit-il en m'apostrophant; *lorsque je vous ai sauvé la vie, je n'ai rien fait, que ce que je serois bien aise qu'on me fît à moi-même; & qui sçait si je ne suis point destiné à être réduit un jour à une semblable condition? Outre qu'après vous avoir mené dans un Païs aussi éloigné du vôtre que l'est le Brezil, si je venois à vous prendre tout ce que vous avez, vous y mourriez dans l'indigence, & je ne ferois autre chose, que de vous ôter la vie que je vous aurois donnée.* Non, non, continua-t-il, SIGNOR INGLESE, c'est-à-dire Monsieur l'Anglois, *je veux vous transporter en ce Païs purement par charité; & ces choses-là vous serviront à acheter dequoi subsister, & à faire vôtre retour.*

Si cet homme parût charitable dans les offres qu'il me fit, il ne se montra pas moins équitable ni moins exact à les remplir, jusques-là qu'il ne s'en écarta pas d'un seul ïota; car il ordonna à tous les Matelots que nul ne fût assez hardi pour toucher à rien de ce qu'il m'apartenoit: ensuite il prit le tout en dépôt; & m'en donna après un Inventaire fidele, pour que je le pusse recouvrer, sans

sans en exclure mes trois jarres de terre.

Quant à mon bateau qui étoit trés-bon, (ce qu'il connoissoit bien lui-même) il me proposa de l'acheter de moi, pour le faire servir au Vaisseau; & me demanda, qu'est-ce que j'en voulois avoir? Je lui répondis qu'il avoit été si genereux en toutes choses à mon égard, que je ne voulois point aprétier le bateau, mais que je l'en faisois l'arbitre; surquoi il me dit qu'il me feroit de sa main une obligation de quatre vingt pieces de huit, lesquelles il me payeroit au Brezil, & qu'y étant arrivez, s'il se trouvoit quelqu'un qui en offrit davantage, il me le feroit bon. Outre cela il m'offrit soixante autres piéces de huit pour mon garçon Xuri: mais j'avois de la peine à les accepter, non pas que je ne fus bien-aise de le laisser au Capitaine, mais je ne pouvois me résoudre à vendre la liberté de ce pauvre garçon, qui m'avoit assisté si fidellement au recouvrement de la mienne. Néanmoins aprés que je lui eûs découvert mon scrupule, il m'avoüa qu'il le trouvoit raisonnable, & me proposa cet expédient, c'est qu'il lui feroit une obligation de sa main, par laquelle il seroit tenu de l'affranchir dans dix ans, s'il se vouloit faire Chrétien. Sur cela je livrai Xuri au Capitaine, d'autant plus volontiers que celui-là goûtoit les propositions de celui-ci.

Nous eûmes une Navigation heureuse jusques au Brezil; & au bout d'environ vingt-

Vingt-deux jours nous arrivâmes à la Baye de tous les Saints. Je me vis alors délivré pour une seconde fois de la plus misérable de toutes les conditions de la vie: ce qui me restoit à faire, c'étoit de considérer comment je disposerois desormais de ma personne.

Je ne sçaurois trop préconizer la generosité avec laquelle le Capitaine me traita. Premierement il ne voulut rien prendre pour mon passage: d'ailleurs il me donna vingt Ducats pour la peau de Leopard, & quarante pour celle de Lion: ordonna qu'on me rendit ponctuellement tout ce que j'avois à bord, & acheta tout ce que je voulois bien vendre, comme la caisse de bouteilles, deux de mes fusils, & un morceau de la masse de cire, car j'avois fait des chandelles d'une partie. En un mot je fis de ma Cargaison environ deux cens vingt pieces de huit; je débarquai au Brezil avec un tel fond.

Peu de tems aprés mon débarquement je fus recommandé par le Capitaine à un fort honnête homme, tel qu'il étoit lui-même, lequel avoit ce qu'ils apellent vulgairement un *Ingeino*, c'est-à-dire une plantation, & une manufacture de sucre. Je vécus quelque-tems dans sa maison, & par ce moyen je m'instruisis de la maniere de planter & de faire le sucre. Or voyant combien les planteurs vivoient commodément, & combien vîte ils devenoient riches, je résolus, si je

pour

pouvois obtenir une licence, de m'y établir & de devenir planteur comme les autres; bien entendu cependant que je rechercherois les moyens de me faire remettre l'argent que j'avois laiſſé à Londres. A ces fins je me pourvûs d'une eſpéce de Lettre de naturalization, en vertu de quoi je fis marché pour de la terre qui étoit encore vacante, & dont je meſurai l'étenduë à celle de mon argent. Aprés cela je formai un plan pour ma plantation & pour mon établiſſement, proportionnant l'un & l'autre au fond que je me propoſois de recevoir d'Angleterre.

J'avois un voiſin Portugais, qui étoit né à Lisbonne de Parens Anglois: ſon nom étoit *Wells*, & ſes affaires étoient à peu prés dans la même poſture que les miennes. Je l'apelle mon voiſin, parce que ſa Plantation touchoit la mienne, & que nous vivions fort paiſiblement lui & moi. Nous n'avions qu'un petit fond l'un & l'autre, & ne plantâmes, à proprement parler, que pour nôtre ſubſiſtance durant prés de deux ans. Mais au bout de ce terme nous commençâmes à faire du progrès, & nôtre terre prenoit déja une bonne forme: tellement que la troiſiéme année nous plantâmes du Tabac, & eûmes chacun une grande piece de terre toute prête pour y planter des cannes l'année d'aprés. Mais nous avions beſoin d'aide; & je ſentois plus vivement que je n'avois encore fait, combien j'avois eu tort de me défaire de mon garçon Xuri.　　　　　　　　　Mais

Mais helas! il n'étoit pas surprenant que j'eusse fait mal, moi qui ne faisoit jamais bien: je ne voyois aucun remede à ma peine, que dans la continuation de mon travail, je me donnois à une occupation bien éloignée de mon genie, & toute contraire au genre de vie, qui faisoit mes délices, pour lequel j'avois abandonné la maison de mon pere, & méprisé ses bons avis. Qui plus est j'entrois précisément dans cette condition mitoyenne de la vie, ou, si vous voulez, le premier étage de la bourgeoisie, que mon pere m'avoit autrefois recommandé. N'aurois je pas mieux fait de demeurer chez moi; & de m'épargner la peine de roder par le monde? Souvent je me tenois à moi-même ce langage: ,, Je pouvois faire en An-
,, gletere, ce que je fais ici: travailler au
,, milieu de mes Parens & de mes amis, aus-
,, si-bien que parmi des Etrangers & des
,, Sauvages: que me sert-il d'avoir traversé
,, de vastes mers, d'avoir parcouru mille six
,, cens & tant de lieuës? étoit-ce pour venir
,, dans un desert affreux & si reculé, que je
,, fusse obligé de rompre tout commerce a-
,, vec les parties du Monde, où je suis tant
,, soit peu connu?

De cette maniere je ne réflechissois guére sur ma condition, que pour m'en affliger. Il n'y avoit que ce voisin, avec qui je conversasse de tems en tems: nul ouvrage ne se pouvoit faire que par le travail de mes mains;

& j'avois coûtume de dire, que je vivois comme un homme qui auroit fait naufrage contre une Isle deserte, & qui s'en verroit le seul habitant. Mais quand les hommes sont assez injustes pour comparer leur état present à un autre qui est plus mauvais, n'est-il pas bien juste, que la Providence les condamne à faire un échange dans la suite, pour les convaincre de leur félicité passée par leur propre expérience ? & ne méritois-je pas bien que je fusse un jour ce même homme, que je me representois vivant miserablement dans une Isle purement deserte, puisque j'étois assez injuste pour faire souvent comparaison de lui à moi, dans l'état de vie où je me trouvois alors, & où je n'avois qu'à perseverer, pour devenir extrêmement riche & heureux.

J'avois pris en quelque façon toutes les mesures nécessaires pour conduire la plantation, avant le départ du Capitaine de Vaisseau, qui m'avoit reçû à son bord en pleine mer, & qui s'étoit montré mon ami affectionné. Il demeura prés de trois mois tant à charger son vaisseau, qu'à faire les préparatifs de son voyage. Un jour comme je lui parlois du petit fond que j'avois laissé à Londres, il me donna ce bon & fidéle avis: » Monsieur l'Anglois, *me dit-il*, si vous me » voulez donner une Lettre adressée à la » personne qui a vôtre argent à Londres, » avec ordre d'envoyer vos effets à Lisbonne

» ne à telles personnes que je vous indique-
» rai, & en Marchandises convenables à ce
» Païs-ci, je vous promets, moyennant la
» grace de Dieu, de vous en raporter le pro-
» duit à mon retour : mais comme les choses
» humaines sont toûjours sujettes à la vicis-
» situde & aux contre-tems, je vous conseil-
» le de ne donner vos ordres que pour cent
» livres sterling, que vous dites être la moi-
» tié de vôtre fond, & de les avanturer pour
» une premiere tentative : afin que si elles
» arrivent à bon port ; vous puissiez faire
» venir le reste par la même voye, & si vous
» avez le malheur de les perdre, vous aurez
» encore l'autre moitié pour y avoir recours
» en cas de besoin.

Il y avoit dans ce conseil tant de sagesse, & tant de marques d'amitié en même-tems, que je fus d'abord convaincu, que je ne pouvois pas mieux faire que de le suivre : c'est pourquoi je préparai une Lettre en forme de déclaration pour la Dame à qui j'avois laissé le maniment de mon argent, & une procuration pour le Capitaine Portugais, telle qu'il la desiroit.

J'écrivis à cette Dame veuve du Capitaine Anglois, une relation exacte de mes Avantures, de mon esclavage, de ma fuite, la maniere dont j'avois rencontré en haute mer le Capitaine Portugais, sa conduite genereuse à mon égard, l'état où je me trouvois actuellement, avec toutes les instructions né-
cessai-

cessaires pour me faire tenir mon argent. Quant cet honnête homme de Capitaine fut arrivé à Lisbonne il trouva moyen, par l'entremise de quelques Marchands Anglois qui y demeuroient, d'envoyer non-seulement mon ordre, mais encore mon Histoire toute entiere à un Marchand de Londres, qui en fit un raport fidéle & pathétique à la Veuve. Celle-ci non contente de délivrer l'argent, envoya du sien propre un present de vingt-cinq livres sterling au Capitaine Portugais, à cause de l'humanité & de la charité qu'il avoit exercées à mon égard.

Le Marchand de Londres ayant converti ces cent Livres sterlings en marchandises d'Angleterre, les envoya à Lisbonne, telles qu'elles lui avoient été demandées par le Capitaine; & celui-ci me les aporta heureusement au Brezil. Il y avoit entr'autres toutes sortes d'outils, d'ouvrages de fer, & d'ustensiles nécessaires pour ma plantation: lesquelles choses me furent d'un grand service; & il les avoit comprises parmi les autres, de son chef, sans que je lui en eusse donné commission, car j'étois trop peu experimenté dans le métier pour y avoir pensé.

Je fus transporté de joye lorsque cette Cargaison arriva, & je crus ma fortune faite. Le Capitaine qui vouloit bien être mon pourvoyeur, & qui en remplissoit si dignement les fonctions, avoit employé les vingt-cinq Livres sterling, dont ma bonne amie

lui

lui avoit fait préfent, à me loüer un ferviteur pour le terme de fix ans, qu'il m'amena : & jamais il ne voulut rien accepter de moi en confidération de tant de fervices, qu'un peu de Tabac qui étoit de mon propre crû.

Autre chofe à remarquer, c'eft que toutes mes Marchandifes étant Manufactures d'Angleterre, telles que des Draps, des Etoffes, des Bayes, & autres chofes extraordinairement eftimées & recherchées dans ce Païs-là, je trouvai le fecret de les vendre à un prix très haut ; enforte que je puis bien dire, qu'après cela j'avois plus de quatre fois la valeur de ma premiere Cargaifon, & je me voyois pour lors infiniment plus avancé que mon pauvre Voifin quant au fait de ma plantation ; car d'abord je m'achetai un efclave Négre, & un ferviteur Européen, j'entens un autre que celui que le Capitaine m'avoit amené de Lisbonne.

Mais le mauvais ufage que nous faifons de la profperité, devient fouvent la fource de nos plus grands malheurs : c'eft ce qui fe vérifia en moi. L'année fuivante j'eus toute forte de fuccés dans ma Plantation : je levai dans ma propre terre cinquante gros rouleaux de tabac, outre ce dont j'avois difpofé parmi mes voifins pour mon nécessaire : & ces cinquante rouleaux pefant chacun plus de cent livres, étoient bien conditionnez, & tout prêts pour le retour de la Flotte de Lisbonne.

bonne. Alors voyant mes affaires & mes richesses s'accroître également, je commençai à rouler dans ma tête quantité de projets & d'entreprises, qui passoient à ma portée; mais qui causent souvent la ruïne des personnes les plus capables pour les affaires.

Si j'eusse voulu continuer le genre de vie que je menois alors, je pouvois encore aspirer à tous ces grands avantages, en vûë desquels mon pere m'avoit si serieusement recommandé une vie retirée, & dont il m'avoit donné une idée si sensible dans le portrait ressemblant qu'il me traça de l'état mitoyen. Mais j'étois né pour toute autre chose : je devois derechef travailler de dessein prémedité à me plonger dans la misere ; sur tout j'allois augmenter le nombre de mes fautes, & par conséquent fournir une plus ample matiére aux reproches que j'aurois le loisir de me faire un jour au milieu de mes accablemens. Tous ces desastres ne provenoient que de la passion effrenée que j'avois d'errer par le monde : passion favorite à laquelle je lâchois aveuglément la bride, lors même qu'elle étoit manifestement contraire à mes interêts les plus chers, qu'elles rompoit toutes les mesures de ma bonne fortune, & qu'elle gâtoit pour ainsi dire, tous les chemins que la Providence sembloit m'ouvrir, pour me conduire à mon devoir & à mon bonheur.

C'est précisément la faute que j'avois commise en m'enfuyant de la maison de mon

mon pere, & déja je ne pouvois point avoir de repos, que je ne tombasse dans une seconde toute semblable : j'étois tenté de m'en aller, & d'abandonner les belles esperances que j'avois de devenir un homme riche, & d'une experience consommée dans ma nouvolle Plantation ; sans que je pusse alleguer pour cela d'autre raison, qu'un desir temeraire & démesuré de m'élever avec plus de rapidité que ne permettoit la nature de la chose. Ainsi je me précipitai pour la seconde fois dans le gouffre de misere le plus profond, ou l'homme puisse comber sans qu'il lui en coutent la santé ou même la vie.

Or pour procéder par degrez à cét endroit particulier de mon Histoire, vous devez suposer qu'ayant vécu prés de quatre ans dans le Brezil, & commençant à gagner considerablement & à prosperer dans ma nouvelle Plantation, non seulement j'avois apris le langage du païs, mais qu'outre cela j'avois fait connoissance & lié amitié avec mes compagnons de Plantations comme aussi avec les Marchands de S. Salvador, qui étoit nôtre Port de Mer : que dans les discours que j'avois tenu avec eux, je leur avois souvent rendu compte de mes deux voyages à la côte de Guinée, de la maniere d'y trafiquer en Négres, & de la felicité avec laquelle on y pouvoit changer de la poudre d'or des graines de Guinée, des dents d'Elephants, & autres choses, mais qui plus
est

est des Négres en grand nombre, le tout pour des bagatelles, comme de petits lits, de la quincailleries, des couteaux, des ciseaux, des haches, des pieces de glaces, & autres choses semblables.

On ne manquoit jamais d'écouter attentivement ce que je disois sur ce chapitre: mais sur tout l'article l'achat des Négres, dont le trafic non-seulement n'étoit qu'ébauché, mais tel qu'il étoit, avoit toûjours été dirigé par l'assiento, ou si vous voulez, une assemblée formée par les Rois d'Espagne & de Portugal, & entroit dans les comptes du Gouvernement public, ensorte qu'il ne s'ameneroit que peu de Négres, encore se vendoient-ils à un prix excessif.

Un jour je me trouvai en compagnie avec des Marchands & Proprietaires de Plantations de ma connoissance, & leur ayant parlé fort sérieusement sur ce sujet, il arriva que trois d'entr'eux vinrent me trouver le lendemain au matin; me dirent qu'ils avoient beaucoup refléchi sur l'entretien que j'avois eu avec eux le soir précedent; & qu'ils venoient me proposer une chose qui demandoit le secret. Je leur promis de le garder; & aprés ce préliminaire, ils me déclarerent qu'ils avoient envie d'équiper un Vaisseau pour la Guinée: qu'ils avoient tous des Plantations aussi-bien que moi ; & que rien ne leur faisoit plus de tort, que le besoin extréme où ils étoient d'esclaves : que comme
c'étoit

c'étoit un commerce qu'on ne pouvoit pas continuer, à cause qu'il n'étoit pas praticable de vendre publiquement les Négres quand ils étoient arrivez, leur dessein n'étoit que de faire un seul voyage, de débarquer les Négres secretement, & de les distribuer ensuite dans leurs propres Plantations : qu'en un mot il s'agissoit de sçavoir si je voulois aller à bord du Vaisseau en qualité de Super-Cargo, ou Commis pour prendre soin de ce qui concernoit le Négoce sur la côte de Guinée : que dans le partage des Négres j'aurois une portion égale à celle des autres, & que je serois dispensé de contribuer ma quote-part du fond qu'on leveroit pour cette entreprise.

Il faut avoüer que ces propositions étoient fort avantageuses pour tout homme manquant d'établissement, & qui n'auroit pas eu à cultiver une Plantation qui lui apartint en propre, qui eût de trés-belles aparences, & fut asseurée d'un bon fond. Mais quant à moi, qui m'étois déja poussé, me voyant si joliment établi, je n'avois plus rien à faire qu'à continuer pendant trois ou quatre ans sur le même pied, que j'avois commencé, & qu'à faire venir d'Angleterre mes cent autres livres sterling ; qui dans ce tems-là, & avec ce petit renfort n'aurois presque pas pû manquer de devenir riche de trois ou quatre mille livres sterling, sans compter combien une telle somme auroit multiplié dans la sui-te ;

te ; que je pensasse, dis-je, à un tel voyage, c'étoit la plus grande folie qu'un homme pût commettre dans de pareilles conjonctures.

Mais comme j'étois né pour être l'architecte de mon propre malheur, il me fut aussi impossible de résister à leur offre, qu'il me l'avoit été autrefois de réprimer les desirs extravagants, qui firent avorter tous les bons conseils de mon pere. En un mot je leur dis que je partirois de tout mon cœur, s'ils vouloient bien se charger du ménagement de ma Plantation pendant mon absence, & en disposer selon que je l'ordonnerois, si je venois à perir. C'est ce que tous me promirent, & à quoi ils s'obligerent par écrit & par contract. Je fis donc un Testament en forme, par lequel je disposois de ma Plantation & de mes effets, en cas de mort, constituant mon Héritier universel, le Capitaine du Vaisseau qui m'avoit sauvé la vie, comme j'ai déja dit ci-dessus ; mais l'obligeant à disposer de mes effets suivant cette clause, qui est, qu'il garderoit pour lui la moitié de mes acquisitions, & feroit embarquer l'autre pour l'Angleterre.

Enfin je pris toutes les précautions imaginables, pour mettre mes biens en sûreté, & pour pourvoir à l'entretien de ma Plantation ; que si j'eusse employé seulement une partie de cette prudence à étudier mes veritables interêts, & à peser ce que je devois faire ; & ce que je ne devois pas faire, il est
certain

certain que je ne me serois pas éloigné un moment d'un établissement aussi avantageux que l'étoit le mien. Je n'aurois pas cedé tout ce que je devois raisonnablement esperer d'un état florissant ; & je n'aurois entrepris un voyage sur mer, pour y courir les risques ordinaires, sans compter en particulier les infortunes dont j'avois lieu de croire que j'étois personnellement menacé.

Mais on me pressoit, & j'aimois mieux suivre les fausses lueurs de ma fantaisie, que les lumieres de ma raison. Le vaisseau étant donc équipé, la cargaison embarquée, & toutes choses faites comme nous en étions convenus mes associez & moi ; j'allai à bord pour mon malheur le premier de Septembre en mil six cens cinquante-neuf, qui étoit le même jour auquel je m'étois embarqué à Hull, huit ans auparavant, pour devenir rebelle aux ordres de mes Parens & traître à ma propre cause.

Nôtre Vaisseau étoit d'environ cent vingt Tonneaux, il portoit six canons & quatorze hommes, en y comprenant le Maître, son garçon & moi. Nous ne l'avions chargé d'autres Marchandises que de Quincailleries propres pour nôtre Commerce, telles que sont des piéces de glaces, des coquilles, & sur tout des petits miroirs, des couteaux, des haches & quelques matelats.

Le même jour que j'allai à bord, nous mîmes à la voile, faisant cours au Nord

le long de la côte, dans le deſſein de tourner vers celle d'Afrique, quand on ſeroit parvenu au dix ou douziéme degré de Latitude Septentrionnale : ce qui étoit, comme il paroît, la route ordinaire qu'on tenoit en ces tems-là. Nous eumes un fort bon tems tous le long de la côte, à la reſerve qu'il faiſoit exceſſivement chaud. Quand nous fumes avancez à la hauteur du Cap S. Auguſtin, nous éloignâmes en mer, & perdant bien-tôt la terre de vûë, nous mîmes le Cap de même que ſi nous euſſions voulu aller à l'Iſle de Fernand de Noronha; mais nous la laiſſâmes & les autres adjacentes à l'Eſt continuant nôtre route vers le N. E. quart au Nord, tellement que nous paſſâmes la Ligne, après une Navigation d'environ douze jours : & ſuivant nôtre derniere eſtime. Nous étions ſous le ſeptiéme degré & douze minutes de Latitude Septentrionnale, lors qu'il s'éleva un violent ouragan, qui nous deſorienta entierement: il commença au du Sud-Eſt, devint à peu prés Nord-Oüeſt, & puis ſe fixa Nord-Eſt, d'où il ſe déchaina d'une maniere ſi terrible, que nous ne fimes autre choſe pendant douze jours de ſuite, que dériver forcez d'obéïr aux ordres du Deſtin & à la fureur des vents. Je n'ai pas beſoin de dire que durant tout ce tems là je m'attendois chaque jour à être enſeveli dans les flots: & il n'y avoit qui que ce ſoit ſur le vaiſſeau

feau qui s'ofât flatter d'en rechaper.

Cet Orage, outre la frayeur qui en eft toûjours inféparable, nous couta encore trois perfonnes ; l'un mourut de la fiévre ardente, & les deux autres, dont l'un étoit le petit garçon, tomberent dans la mer. Le vent s'étant un peu abatu fur la fin du douziéme jour, le Maître fit une eftime le mieux qu'il put, & trouva qu'il étoit aux environs de l'onziéme Degré de Latitude Septentrionale, mais qu'il y avoit une difference de vingt & deux degrez de Latitude à l'Oüeft du Cap S. Auguftin ; de forte qu'il avoit été jetté vers la côte de la Guiane, ou Partie Septentrionale du Brefil, au de là de la riviere des Amazones, tirant vers celle d'Orenoque, appellée comunément la *Grande Riviere*. Il commença donc à me confulter pour fçavoir qu'elle route nous prendrions. Le Vaiffeau avoit été fort tourmenté, & faifoit beaucoup d'eau ; ainfi il opinoit à la Partie Orientale, & d'où nous étions partis.

J'étois d'un avis tout contraire, & aprés avoir examiné enfemble une Carte marine de l'Amerique, nous conclûmes, qu'il n'y avoit aucune terre habitée où nous puffions avoir recours, & qui fut plus proche de nous que dans l'enceinte des Caribes : c'eft pourquoi nous réfolumes de faire voile vers la Barbade, où nous efperions qu'en prenant le large, pour éviter le Golfe de Mexique,

xique, nous pourions aisément arriver dans quinze jours de tems ; au lieu qu'il n'étoit presque pas possible de faire nôtre voyage à la côte d'Afrique sans quelque assistance, tant pour le Vaisseau que pour nous mêmes.

Dans ce dessein nous changeâmes nôtre course, & primes le Cap Nord quart à l'Oüest, afin de pouvoir atteindre quelqu'unes des Isles habitées par les Anglois, où j'avois esperance de recevoir du secours. Mais nôtre voyage étoit determiné autrement, car étant dans la latitude du douziéme degré & dix-huit minutes, nous fumes accuëillis d'une seconde tempête, qui nous emporta avec la même impétuosité que la premiere vers l'Oüest, & nous écarta si loin de tous les lieux, où régne le Commerce de la societé humaine, que si nous venions à sauver nos vies de la rage des eaux, il y avoit beaucoup plus d'apparence que nous serions dévorez par les Sauvages, que non pas de pouvoir jamais retourner en nôtre Païs.

Dans cette extrêmité, le vent soufflant toûjours avec violence, & le jour commençant à poindre, un de nos gens s'écria, *Terre.* A peine fumes-nous sortis de la cabane pour voir ce que c'étoit, & dans quelle Region du Monde nous nous trouvions, que le Vaisseau donna contre un banc de sable, son mouvement cessa tout à coup, les vagues y entrerent avec tant de précipitation,

tion, que nous nous attendions à perir sur l'heure ; nous nous ferrions contre les bords du Bâtiment, pour nous mettre à couvert des coups & de la fureur des flots.

Il n'est pas aisé de representer, ni même de concevoir la consternation de l'ame en pareil cas, à quiconque ne s'y est jamais trouvé. Nous ne sçavions ni le Climat où nous étions, ni la Terre contre laquelle nous avions été poussez ; si c'étoit Isle, ou Continent ; si elle étoit habitée ou deserte. Et comme la fureur des vents, quoi qu'un peu diminuée, étoit encore fort grande, nous ne pouvions pas seulement esperer que le Vaisseau demeurât quelques minutes sans se briser en morceaux, à moins qu'un calme ne survint tout-à-coup par une espéce de miracle. En un mot nous étions immobiles, nous regardans les uns les autres, attendant la mort à chaque moment, & nous préparans pour l'autre monde, d'autant qu'il n'y avoit que peu ou rien à faire pour nous en celui-ci. La seule chose qui pouvoit encore un peu nous rassurer c'est que, contre nôesperance, le Vaisseau ne fut pas encore brisé, & que le Maître disoit que le vent commençoit à s'abattre.

Mais bien que le tems parut devenir moins gros, néanmoins de la maniere que le Vaisseau avoit échoüé, & vû qu'il s'étoit enfoncé trop avant dans le sable, pour esperer de l'en dégager, nôtre situation étoit veritablement déplorable, & il ne nous restoit plus qu'à voir si nous pourions sauver nos vies. Un peu avant la tempête nous avions un bateau qui suivoit nôtre arriére, mais en premier lieu il s'y étoit fait une fente à force de heurter contre nôtre Gouvernail, & ensuite il s'étoit fracassé, & avoit ou coulé à fond, ou dérivé çà & là par la mer, en sorte que nous n'avions plus d'esperance de ce côté-là. Nous avions bien encore une chaloupe à bord, mais nous ne sçavions pas trop bien comment la mettre en mer : cependant il n'y avoit plus de tems à perdre, car nous croyions à tout moment que le Vaisseau s'alloit dissoudre ; & quelques-uns disoient, qu'il étoit déja entamé.

En même-temps nôtre Pilote prit la chaloupe ; le reste de nos gens se mit à le seconder, & à la fin on la descendit à côté du Vaisseau : nous nous mîmes tous dedans, étant au nombre d'onze personnes, nous recommandâmes nos ames à la Misericorde Divine, & puis abondonnâmes le reste au couroux des ondes. Car quoique l'orage se fût relâchée considérablement : toutefois la mer s'élevoit à une hauteur épouvantable contre les Terres : & pour parler le Langage des Hollandois, qui la comparent à une bête feroce, lors qu'elle est irritée, on pouvoit bien l'apeller *de Wilde Zee*.

C'est alors que le danger étoit proche & effroyable, car nous voyions tous clairement

ment que la mer étoit si enflée, que nôtre chaloupe ne pouroit pas tenir contre, & que nous serions infailliblement submergez; d'ailleurs nous n'avions point de voile, & quand même nous en aurions eu, nous n'aurions pas pû nous en servir. Nous nous mîmes donc à ramer à toutes forces pour aller à terre, mais avec un visage consterné, comme des gens qui alloient au suplice. En effet aucun de nous ne pouvoit ignorer, que dés que la chaloupe viendroit prés de la côte, elle essuyeroit des coups si rudes, qu'elle seroit bien-tôt partagée en mille piéces. Quoi qu'il en soit, nous priâmes Dieu de tout nôtre cœur pour le Salut de nos Ames; & en même-tems que le vent nous poussoit vers la terre, nous travaillions à tour de bras pour le seconder, & pour hâter nôtre perte.

Nous ne sçavions nullement de quelle sorte étoit le rivage, si c'étoit du roc ou du sable, s'il étoit élevé ou bas. La seule chose qui auroit pû raisonnablement nous donner quelque petite ombre d'esperance, ç'auroit été de pouvoir tomber dans quelque Baye, dans quelque Golfe, ou dans l'embouchure d'une riviere; d'y entrer par un grand coup de hazard, de nous mettre à l'abri du vent, ou peut-être encore de trouver une eau calme. Mais il n'y avoit aucune aparence à rien de semblable: bien loin de-là, la terre à mesure que nous en aprochions, nous paroissoit encore plus redoutable que la mer.

Aprés

Aprés avoir ramé ou plûtôt dérivé l'espace d'une lieuë & demie, suivant le compte que nous faisions, une vague furieuse, semblable à une montagne, s'en vint roulant à nôtre arriere, c'étoit nous avertir d'attendre le coup de grace. En effet elle se rua sur nous avec tant de furie, qu'elle renversa tout d'un coup la chaloupe; & nous séparant les uns des autres aussi-bien, que du bateau, à peine nous donna-t-elle le tems d'invoquer le nom de Dieu par une seule exclamation; car dans le moment nous fumes tous engloutis.

Il n'y a pas d'expression qui puisse retracer ici qu'elle étoit la confusion de mes pensées, lorsque j'allai au fond de l'eau; car quoique je nageasse fort bien, je ne pûs point cependant me dégager assez pour respirer, jusqu'à ce que la vague m'ayant poussé ou plûtôt emporté bien avant vers le rivage, elle se brisa & me laissa presque à sec, & à demi-mort, à cause de l'eau que j'avois avâlé. Voyant la terre plus proche de moi que je ne l'aurois crû, j'eus assez de présence d'esprit, & l'haleine assez bonne pour me lever sur mes jambes, & m'en servir le mieux que je pouvois, pour tâcher d'avancer du côté de terre, avant qu'une autre vague revint, & me ressaisit. Mais je reconnus bien-tôt qu'il étoit impossible d'en venir à bout; car regardant derriere moi, je vis la mer à mes trousses, mais haute &
furieu-

furieuſe, comme une ennemie redoutable, avec laquelle je ne pouvois aucunement meſurer mes forces. Tout ce que j'avois à faire, c'étoit de retenir mon haleine, & de m'élever ſi je pouvois au-deſſus de l'eau ; de cette maniere je pouvois nager, conſerver la liberté de ma reſpiration, & voguer vers le rivage. Ce que je craignois le plus, c'étoit que ce flot aprés m'avoir pouſſé vers la terre en venant, ne me rejettât enſuite dans la mer en s'en retournant.

Celui qui vint fondre la ſeconde fois, me couvrit d'abord d'une maſſe d'eau, de vingt ou trente pieds de hauteur ; je ſentois que j'étois entraîné bien loin du côté de la terre avec une force & une rapidité extrême en même tems je retenois mon haleine & je m'aidois encore en nageant de toutes mes forces. Mais j'étois prêt d'étouffer à force de me contraindre, quand je me ſentis monter en haut, & en même-tems je me trouvai la tête & les mains hors de l'eau, ce qui me logea ſur le champ, & quoique cet intervalle ne durât pas deux ſecondes, il ne laiſſa pas de me faire un grand bien, me donna le temps de reſpirer, & redoubla mon courage. Je fus derechef couvert d'eau, mais non pas ſi long-tems que je ne puſſe tenir bon ; & m'apercevant que la mer s'étoit briſée, & qu'elle commençoit à retourner, je m'élançai en avant tant que je pûs pour ne me laiſſer point entraîner, & je ſentis que

je

je prenois pied. Je demeurai sans rien faire pendant quelques momens, tant pour recouvrer ma respiration, qu'en attendant que les eaux se fussent retirées, & puis je courus vers le rivage avec toute la vitesse dont j'étois capable. Cet effort n'étoit pas suffisant pour me délivrer de la fureur des ondes, qui venoient fondre sur moi de nouveau ; elles m'enleverent deux autres fois, & me porterent en avant, comme elles avoient déja fait, le rivage étant tout uni.

Peu s'en falut que le dernier de ces deux assauts dont je viens de donner la description, ne me fut fatal : car la mer m'ayant entraîné comme auparavant, me mit à terre, ou pour mieux dire me jetta contre un rocher, & cela si rudement, que j'en perdis le sentiment, & le pouvoir d'agir pour ma délivrance ; car le coup ayant porté sur mon flanc & sur ma poitrine, m'ôta entierement la respiration pour un tems ; & si la mer fut revenuë à la charge sans intermission, j'aurois été indubitablement suffoqué. Mais je revins à moi un peu avant son retour, & voyant que j'en allois être enseveli, je résolus de m'attacher à un morceau de roc, & dans cette posture de retenir mon haleine jusqu'à ce que les eaux se fussent retirées ; déja les vagues n'étoient plus si hautes qu'au commencement, parce que la terre étoit proche, & je ne quittai point prise qu'elles n'eussent passé & repassé par dessus
moi,

moi. Après quoi je pris un autre essor, qui m'approcha si fort de terre, que la vague qui vint ensuite, me couvrit véritablement, mais elle ne m'enleva pas; en sorte que je n'eus plus qu'à exercer une seule fois mes jambes pour mettre fin à ma carriere & prendre terre: où étant arrivé je montai sur le haut du rivage, & je m'assis sur l'herbe, à l'abri de l'insulte des eaux.

Me voyant ainsi en toute sûreté, je commençai par lever les yeux en haut & rendre graces à Dieu, de ce que j'avois sauvé ma vie dans un cas où il n'y avoit que quelques momens qu'elle étoit desesperée. Je crois que c'est une chose tout-à-fait impossible, que de peindre au vif les transports & l'extase où se trouve l'ame qui se voit sauvée de la sorte, & arrachée, pour ainsi dire, des entrailles du sepulcre. Je ne m'étonne donc plus d'une coûtume qu'on a, qui est que quand un malfaicteur a la corde au cou, qu'il est lié, qu'il est sur le point de passer le pas, & que sur ces entrefaites on lui aporte la grace, je ne m'étonne pas, dis-je, qu'on lui améne aussi un Chirurgien pour lui tirer du sang, en même-tems qu'on lui annonce cette nouvelle; de peur que la surprise qu'elle lui causeroit, ne bannit de son cœur les esprits animaux, & qu'elle lui fût funeste. Car

> La surprise qui naît de joye ou de douleur,
> Suspend les fonctions de l'esprit & du cœur,

Je me promenois au bord de la mer, levant les mains vers le Ciel, l'esprit absorbé dans la contemplation de ma délivrance, faisant mille gestes & mille figures que je ne saurois raporter, reflechissant sur mes Camarades, qui tous avoient été noyez, & que j'étois le seul qui me fusse sauvé; car depuis nôtre naufrage je ne vis jamais plus aucun d'eux, non pas même la moindre trace, excepté trois de leurs chapeaux, un bonnet, & deux souliers dépareillez.

Je tournai les yeux du côté du vaisseau qui avoit échoüé, mais la mer étoit si écumeuse & si courroucée, d'ailleurs il étoit à une distance si grande, qu'à peine pouvois-je le voir, ce que considerant; grand Dieu! disois-je, comment est-il possible que je sois venu à terre?

Après avoir soulagé mon esprit par ce qu'il y avoit de consolant dans ma condition, je commençai à regarder tout autour de moi, pour voir en quelle sorte de lieu j'étois, & par où il me faloit débuter. Je sentis bientôt diminuer mon allégresse, & je trouvai que ma délivrance étoit d'une affreuse espece: car j'étois moüillé, & je n'avois point d'habits pour me changer; j'avois faim, & je n'avois rien à manger; j'avois soif, & je n'avois rien à boire; j'étois foible, & je n'a-
vois

vois rien pour me fortifier ; je ne voyois pas même la moindre aparence de quoi que ce soit, sinon de mourir de faim, ou d'être dévoré par les bêtes feroces ; & ce qu'il y a de plus affligeant pour moi, c'est que je n'avois aucune arme pour pouvoir chasser, & tuer quelques animaux pour ma subsistance, ou pour me défendre contre toute Créature qui voudroit m'ôter la vie pour soûtenir la sienne ; en un mot je n'avois rien sur moi qu'un couteau, une pipe, & un peu de tabac dans une boëte : c'étoit là toute ma provision ; ce qui jetta mon esprit dans de terribles angoisses : ensorte que durant quelque tems je courus çà & là comme un insensé. La nuit aprochoit, & je commençai à considerer quel seroit mon sort, si cette terre nourissoit des bêtes devorantes, sçachant bien que ces animaux rodent toutes les nuits pour chercher leur proye.

L'unique remede qui se presentoit à tout cela pour le tems present, c'étoit de monter sur un certain arbre, dont le branchage étoit fort épais, semblable à un sapin, mais épineux, qui croissoit prés de là, & où j'avois résolu de passer toute la nuit, en attendant le genre de mort qu'il me faudroit subir le lendemain, car jusqu'alors l'arrêt m'en paroissoit irrévocable. Je marchai environ un demi-quart de mille loin du rivage, pour voir si je ne trouverois point d'eau douce pour boire ; j'eus le bonheur d'en trouver, ce qui me me donna une joye sans pareille. Aprés avoir bû & m'être mis un peu de tabac dans la bouche pour prévenir la faim, je m'en allai à l'arbre, sur lequel je montai, & cherchai à me mettre si-bien que je ne tombasse pas si je venois à dormir : j'avois à la main un bâton court, comme un bon tricot, que j'avois coupé pour me servir de défense ; avec cela je pris mon logement. Comme j'étois extrêmement fatigué, je tombai dans un profond sommeil, où je goûtai tant de douceurs, & réparai tellement mes forces, que je ne pense pas en avoir jamais eu de plus salutaire, ni qu'il y ait beaucoup de gens qui puissent passer une si bonne nuit, dans une si méchante conjoncture.

Il faisoit grand jour lorsque je m'éveillai, le tems étoit clair, la tempête dissipée, & la mer n'étoit plus courroucée ni enflée comme auparavant. Ce qui me surprit extrêmement, fut de voir que par la hauteur de la marée le vaisseau eût été enlevé pendant la nuit de dessus le banc de sable où il avoit été engravé ; & qu'il eût dérivé jusque tout prés du rocher, dont j'ai parlé ci-dessus, où je m'étois si cruellement meurtri en heurtant contre. Il y avoit environ un mille de l'endroit où j'étois jusques là ; & comme le bâtiment paroissoit encore reposer sur sa quille, j'aurois bien souhaité d'être à bord, afin d'en tirer du moins pour mon usage quelques-unes des choses les plus nécessaires.

Dès

Dés que je fus descendu de l'apartement que je m'étois choisi sur l'arbre, je regardai encore autour de moi, & la premiere chose que je découvris fut la chaloupe, que le vent & la marée avoient jettée sur la côte à environ deux milles de moi à main droite. Je marchai le long du rivage, aussi loin que je pûs pour aller jusques-là, mais je trouvai un bras de mer d'environ un demi mille de largeur entre moi & la chaloupe, tellement que je m'en retournai sur mes pas, laissant la chose cette fois là, parce que mes desirs étoient bien plus tournez du côté du Vaisseau, où j'esperois trouver actuellement dequoi fournir à ma subsistance.

Un peu aprés midi je vis que la mer étoit fort calme, & la marée si basse, que je pouvois avancer jusqu'à un quart de mille du Vaisseau : & ce fut pour moi un renouvellement de douleur, car je voyois clairement que si nous eussions resté à bord, nous aurions tous été sains & saufs, je veux dire, que du moins nous serions tous venus heureusement à terre ; & je n'aurois pas été si miserable que de me voir comme j'étois actuellement, dénué de toute consolation & de toute compagnie. Ces réflexions m'arracherent les larmes, mais comme elles n'aportoient qu'un foible remede à mes maux, je résolus d'aller au Vaisseau si je pouvois. Il faisoit une chaleur extrême ; je me dépoüillai de mes habits, & je me jettai

jettai dans l'eau. Mais quand je fus arrivé au pied du bâtiment je trouvai plus de difficulté à monter dessus, que je n'en avois encore surmonté : car comme il reposoit sur terre, & qu'il étoit hors de l'eau d'une grande hauteur, il n'y avoit rien à ma portée que je pusse saisir. J'en fis deux fois le tour à la nage ; à la seconde j'aperçûs ce que je m'étonnois de n'avoir pas vû la premiere c'étoit un bout de corde qui pendoit à l'avant, de telle façon, qu'aprés beaucoup de peine je m'en saisis, & par ce moyen je grimpai sur le Château-gaillard. Quand je fus là, je vis que le Vaisseau étoit entr'ouvert, & qu'il y avoit beaucoup d'eau à fond de cale; mais qu'étant posé sur le flanc d'un banc, dont le sable étoit ferme, il portoit sa poupe extrêmement haut, & la prouë si bas, qu'elle en étoit presque dans l'eau. De cette maniere le pont étoit tout-à-fait exempt d'eau, & tout ce qu'il renfermoit étoit sec : car vous pouvez bien compter, que la premiere chose que je me mis à faire, fut de chercher par tout, & de voir ce qui étoit gâté, ou ce qui étoit bon. Premierement je trouvai que toutes les provisions du Vaisseau étoient séches, & qu'elles ne se sentoient pas de l'eau ; & comme j'étois trés-disposé à manger, je m'en allai à la Soute, où je remplis mes poches de biscuit, & je me mis à en manger à mesure que j'étois à faire d'autres choses, car je n'avois pas de tems à perdre. Je trouvai aussi

du

du rum dans la chambre du Capitaine, & j'en bûs un bon coup; dequoi j'avois bon besoin pour m'encourager à soûtenir la vûë des souffrances que j'aurois à essuyer.

Il ne m'auroit de rien servi de demeurer les bras croisez, & de perdre le tems à souhaiter ce que je ne pouvois aucunement obtenir. Cette extrêmité excita mon aplication. Nous avions à bord plusieurs vergues, un ou deux mâts du perroquet, qui étoient de réserve, & deux ou trois grandes barres de bois: je pris la résolution de les mettre en œuvre; & j'en lançai hors du bord tout ce qui n'étoit point trop pesant pour le pouvoir ménager, les ayant séparément attachez à une corde, afin qu'ils ne dérivassent point. Cela fait, je descendis au côté du bâtiment, & les tirant à moi, j'en attachai quatre ensemble par les deux bouts, le mieux qu'il m'étoit possible, donnant à mon ouvrage la forme d'un radeau: & aprés y avoir posé en travers deux ou trois planches fort courtes, je trouvai que je pouvois bien marcher dessus, mais qu'il ne pouroit pas porter une grosse charge, à raison de sa trop grande legereté. C'est pourquoi je retournai au travail, & avec la scie du Charpentier je partageai une des vergues de beille en trois piéces en longueur, & je les ajoûtai à mon radeau aprés m'être donné beaucoup de peine & de travail. Mais l'esperance de me fournir de choses nécessaires, me servoit d'aiguillon,

lon, pour faire bien au-delà de ce dont j'au rois été capable en toute autre occasion.

Déja mon radeau étoit assez fort pou porter un poids raisonnable, il ne s'agis soit plus que de voir de quoi je le charge rois, & comment preserver cette charge d l'insulte des eaux de la mer ; mais je n m'arrêtai pas beaucoup à cette considera tion, & d'abord je mis dessus toutes le planches que je pûs trouver ; ensuite apre avoir bien consideré ce dont j'avois le plu de besoin, je commençai par prendre troi coffres de Matelots, que j'avois ouverts e forçant les serrures, & que j'avois ensuit vuidez ; & puis je les descendis avec un corde sur mon radeau. Dans le premier j mis des provisions, telles que, du pain du ris, trois fromages d'Hollande, cinc piéces de bouc seché, laquelle viande fai soit nôtre principale nourriture, & un pe tit reste de blé d'Europe, qu'on avoit mi à part pour entretenir quelques volailles, que nous avions embarquées avec nous, mais qui depuis long-tems avoient été tuées Il y avoit aussi une certaine quantité d'or ge & de froment mêlez ensemble : mais à mon grand regret je trouvai que cela avoit été mangé & tout gâté par les rats. Quant à la boisson je trouvai plusieurs caisses de bouteilles qui étoient à nôtre Maître dans lesquelles il y avoit quelques Eaux cordia les, & environ vingt quartes de Rack ;

j'arj'arrangeai ceci feparement, parce qu'il n'étoit pas befoin, ni même poffible de les mettre dans le coffre. Pendant que j'étois occupé à faire ces chofes, je m'aperçûs, que la marée commençoit à monter, quoique paifiblement, & j'eus la mortification de voir mon habit, ma vefte & ma chemife, que j'avois laiffé fur le rivage, flotter & s'en aller au gré de l'eau : pour ce qui eft de ma culotte, qui n'étoit que de toile, & qui étoit ouverte à l'endroit des genoux, je ne la quittai point non plus que mes bas, pour nager jufqu'à bord : quoi qu'il en foit, cet accident me fit aller à la quête des hardes, & je ne fus pas long-tems à foüiller, pour voir que je pouvois aifément réparer ma perte avec ufure : mais je me contentai de prendre, ce dont je ne pouvois abfolument me paffer pour le prefent ; parce qu'il y avoit d'autres chofes que j'avois beaucoup plus à cœur. De ce nombre étoient des outils pour travailler quand je ferois à terre ; & après avoir long-tems cherché, je trouvai enfin le coffre du Charpentier. Ce fut un trefor pour moi, mais un trefor beaucoup plus précieux que ne l'auroit été pour lors un Vaiffeau tout chargé d'or : je le defcendis, & le pofai fur mon radeau tel qu'il étoit, fans perdre de tems à regarder dedans ; car je fçavois en gros ce qu'il contenoit.

La chofe que je convoitois le plus aprés celle-là, c'étoit de la munition & des armes.

mes. Il y avoit dans la chambre du Capitaine deux fusils fort bons, & deux pistolets; je m'en saisis d'abord, comme aussi de quelques cornets à poudre : d'un petit sac de plomb, & de deux vieilles épées érouillées, je sçavois qu'il y avoit quelque part trois Barils de poudre, mais je ne sçavois pas en quel endroit nôtre canonier les auroit serrez. A la fin pourtant je les déterrai, aprés avoir visité & coins & recoins. Il y en avoit un qui avoit été mouillé, les deux autres étoient secs & bons, & je les plaçai avec les armes sur mon radeau. Alors je crûs m'être muni d'assez de provisions, il ne me restoit plus de soucis, que pour les conduire jusqu'à terre; car je n'avois ni voile, ni rame, ni gouvernail, & la moindre bouffée survenant, pouvoit submerger ma cargaison toute entiere.

Trois choses relevoient mon esperance : en premier lieu la mer qui étoit tranquille, en second lieu la marée qui montoit & portoit à terre, & en troisiéme lieu le vent, qui tout foible qu'il étoit, ne laissoit pas d'être favorable. Je trouvai encore deux ou trois rames à moitié rompuës, & dépendantes de la chaloupe, qui me servirent de renfort, & deux scies, une besaigue, avec un marteau, (outre ce qui étoit déja dans le coffre du Charpentier) que j'ajoûtai à ma cargaison : aprés quoi je me mis en mer. Mon radeau vogua tres-bien l'espace d'environ un mille : seulement je m'aperçûs qu'il dérivoit un peu de l'endroit, où j'avois pris terre auparavant ; & cela me fit juger qu'il y avoit un courant d'eau, & par conséquent j'esperois de trouver là autour une Baye, ou une riviere, qui me tiendroit lieu de Port, pour débarquer ma cargaison.

La chose étoit telle que je me l'étois imaginée : je découvris vis-à-vis de moi une petite ouverture de terre, vers laquelle je me sentois entraîner par le cours violent de la marée ; ainsi je gouvernai mon radeau le mieux que je pouvois, pour lui faire tenir le fil de l'eau. Mais en même-tems je faillis à faire un second naufrage : que si un tel malheur me fût arrivé, je crois veritablement qu'il m'auroit donné une atteinte mortelle. Cette côte m'étoit tout-à-fait inconnuë, ainsi je m'en allai toucher sur le sable d'un bout de mon bateau, & comme il ne touchoit point, mais qu'il flottoit de l'autre bout, peu s'en faloit que ma cargaison ne glissât toute de ce côté-là, & qu'elle ne tombât dans l'eau. Je faisois tout mon possible pour retenir les coffres dans leurs places, en m'apuyant contre, mais mes forces n'étoient point suffisantes pour dégager le radeau : je n'osois pas même quitter la posture où j'étois, & soûtenant la charge de tous mes efforts, je restai dans cette attitude prés de demie-heure ; durant lequel tems le montant me relevoit peu à peu, & me mit enfin dans un parfait niveau. Quelques momens aprés, l'eau

qui

qui continuoit de croître, fit flotter mon radeau, que je poussai avec ma rame dans le
canal, & ayant avancé un peu plus haut,
je me vis à l'embouchure d'une petite riviere, ayant la terre de chaque côté, & un courant ou flux rapide qui montoit. Cependant
je cherchois des yeux sur l'un & l'autre bord,
une place propre à prendre terre ; car je ne
me souciois point d'entrer plus avant dans la
riviere, & l'esperance que j'avois, de découvrir quelque Vaisseau, me détermina à ne
point m'éloigner de la Côte.

Enfin j'aperçûs à main droite un petit
réduit, vers lequel je conduisis mon radeau
avec beaucoup de peine & de difficulté : je
m'aprochai si fort, que comme je touchois
le fond de l'eau avec ma rame, je pouvois
aisément me pousser tout-à-fait dedans,
mais en ce faisant je courois une seconde fois
le risque de submerger tout mon magazin ;
car le bord étant d'une pente assez roide &
escarpée, je ne pouvois débarquer que dans
une place, où mon train, lorsqu'il viendroit
à toucher, seroit si haut élevé par un bout,
& si enfoncé par l'autre, que je serois en
danger de tout perdre. Tout ce que je pus
faire, ce fut d'attendre jusqu'à ce que la
marée fut tout-à-fait haute, me servant cependant de ma rame en guise d'ancre, pour
arrêter mon train, & en tenir le flanc apli-
qué contre le bord, prés d'un morceau de terre plat & uni, que j'esperois que l'eau cou-
vriroit.

vriroit. Ce moyen me réüssit ; mon radeau prenoit environ un pied d'eau, & dés que je m'aperçûs que j'en avois assez, je le jettai sur cet endroit plat & uni, où je l'amarrai en enfonçant dans la terre mes deux rames rompuës contre le côté, l'une à un bout, l'autre à l'autre bout ; & je demeurai de cette maniere jusqu'à ce que la marée se fût abaissée, & qu'elle laissât mon train avec ce qu'il portoit à sec, & en toute sûreté.

Aprés cela, la premiere chose que je fis, ce fut d'aller reconnoître le Pays, & de chercher un lieu propre pour ma demeure, de même que pour serrer mes effets, & les mettre en sûreté contre tout accident qui pouroit arriver. J'ignorois encore si ce terrain étoit dans le Continent ou bien dans une Isle, s'il étoit habité ou inhabité, si j'avois quelque chose à craindre des bêtes sauvages, ou non. Il n'y avoit pas plus d'un mille delà à une montagne trés-haute & difficile à monter, qui sembloit porter son sommet par dessus une chaîne de plusieurs autres, qu'elle avoit au Nord. Je pris un de mes fusils & un de mes pistolets, avec un cornet de poudre, & un petit sac de plomb : armé de la sorte, je m'en allai à la découverte jusqu'au haut de cette montagne, où étant arrivé après beaucoup de fatigue & de sueur, je vis quelle, & combien triste seroit ma destinée : car je reconnus que j'étois dans une Isle, entourée par tout de la mer, sans pouvoir découvrir d'autres terres, que quelques rochers fort éloignez de-là, & deux petites Isles, beaucoup moindres que celle-ci, situées à prés de trois lieuës à l'Oüest.

Je trouvai de plus, que l'Isle où je me voyois réduit, étoit stérile, & j'avois tout lieu de croire, qu'il n'y avoit point d'habitans, à moins que ce ne fussent des bêtes feroces : je n'en voyois cependant aucune, mais bien quantité d'oiseaux, dont je ne connoissois ni l'espece, ni l'usage que j'en pourois faire, quand je les aurois tués. En revenant de-là, je tirai sur un oiseau fort gros, que je vis posé sur un arbre au bord d'un grand bois : je crois que c'étoit le premier coup de fusil qui eût été tiré dans ce lieu-là, depuis la Création du Monde. Je ne l'eus pas plûtôt lâché, qu'il s'éleva de tous les endroits du bois, un nombre presqu'infini d'oiseaux de plusieurs sortes, avec un bruit confus, causé par les cris & les piolemens differens qu'ils faisoient, chacun selon leur espece, qui m'étoit entierement étrangere. Quant à l'oiseau que je tuai, je le pris pour une sorte d'éprevier ; car il en avoit la couleur & le bec, mais non pas les éperons ni les serres : sa chair étoit comme de la charogne, & ne valoit rien du tout.

Content de cette découverte je revins à mon radeau, & me mis à travailler pour le décharger. Ce travail m'occupa le reste du jour ; & la nuit étant venuë, je ne sçavois que

que faire de ma personne, ni quel lieu choisir pour me reposer : car je n'osois dormir à terre, ne sçachant si des bêtes feroces ne pouroient pas venir me devorer, quoique je trouvai dans la suite, qu'il n'y avoit rien à craindre.

Néanmoins je me barricadai aussi-bien que je pouvois, avec les coffres & les planches que j'avois amenez à terre, & je me fis une espece de hutte pour me loger cette nuit-là. Pour ce qui est de la nourriture que l'Isle fournissoit, je ne concevois pas encore, d'où elle pouroit provenir, si ce n'est que j'avois vû deux ou trois animaux, faits comme des liévres courir hors du bois, où je tirai l'oiseau.

Je me figurai alors que je pourois encore tirer du Vaisseau bien des choses qui me seroient utiles, particulierement des cordages, des voiles, & autres choses qui se pouvoient transporter à terre ; je résolus donc de faire un autre voyage à bord, si je pouvois. Et comme je n'ignorois pas que la premiere tourmente qui s'exciteroit, briseroit sans faute le bâtiment en mille piéces, je renonçai à toute autre entreprise, jusqu'à ce que j'eusse executé celle-ci. Alors je tins conseil, j'entens à part moi, savoir si je retournerois avec le même train : mais la chose ne parût pas praticable ; je conclus donc d'aller comme la premiere fois, quand la marée seroit basse ; c'est aussi ce que j'executai, avec cette difference seulement, que
je

je me dépoüillai avant de sortir de ma hutte, ne gardant sur moi qu'une chemise déchiquetée, des caleçons, & une paire d'escarpins aux pieds.

Je me rendis au bâtiment, comme j'avois fait la premiere fois, & j'y préparai un second train. Mais l'expérience du premier m'ayant rendu plus habile, je ne fis pas celui-ci si lourd, ni ne le surchargeai point; & je ne laissai pourtant pas d'emporter plusieurs choses qui me furent trés-utiles: premierement je trouvai dans le magazin du Charpentier deux ou trois sacs pleins de cloux & de pointes, une grande tariere, une douzaine & tant de haches, & une pierre à aiguiser, qui est un instrument d'un trésgrand usage: je mis à part tout cela, avec plusieurs choses qui dépendoient du Canonnier, nommément deux ou trois leviers de fer, deux barils de balles, sept mousquets, un autre fusil de chasse, une petite addition de poudre, un gros sac de dragée, & un grand rouleau de plomb; mais ce dernier étoit si pesant, que je n'eus pas la force de le soulever assez, pour le faire passer par dessus les bords du Vaisseau.

Outre ces choses, j'enlevai tous les habits que je pus trouver, avec une voile de surcroît du perroquet de mizaine, un branle, un matelas, & quelques couvertures. Je chargeai tout ce que je viens de détailler sur mon second train, & je le conduisis à
terre

terre avec un succés qui contribua extrêmement à me fortifier dans mes disgraces.

Tandis que je fus absent de terre, je craignois qu'à tout le moins mes provisions ne fussent devorées par les bêtes ; mais quand je retournai, je ne trouvai aucune marque d'irruption, sinon qu'il y avoit un animal, semblable à un chat sauvage, assis sur un des coffres, lequel, quand il me vit aprocher, s'enfuit à quelques pas de-là, puis s'arrêta tout court : il ne paroissoit ni décontenancé, ni effrayé ; & il me regardoit fixement, comme s'il eût eu quelque envie de s'aprivoiser avec moi ; je lui presentai le bout de mon fusil ; mais comme il ne sçavoit pas dequoi il s'agissoit, il ne s'en ébranla point, ni ne se mit aucunement en devoir de prendre la fuite : voyant cela, je lui jettai un morceau de biscuit, quoiqu'à dire vrai, je n'en fusse pas fort prodigue, car ma provision n'étoit pas bien grosse : mais vous noterez, s'il vous plaît, que ce n'étoit qu'un petit morceau, & je crûs ne faire pas grande bréche à mon magazin : quoiqu'il en soit, l'animal ne dédaigna pas le present que je lui offris, il accourut dessus, le flaira, & puis l'avala : il prit si bien la chose, qu'il me fit connoître par son air content, qu'il étoit disposé à en accepter une autre doze ; mais je l'en tins quitte, & voyant qu'il ne gagnoit rien à revenir à l'offrande, il prit congé de moi.

Comme c'étoient de grands & de pesans tonneaux

tonneaux que ceux, où nôtre poudre étoit renfermée, j'avois été obligé de les défoncer pour l'en tirer petit à petit, & de la charger sur mon train par plusieurs paquets, ce qui avoit tiré la chose en longueur ; mais me voyant à terre malgré cela avec toute ma cargaison, je commençai à travailler à me faire une petite Tente avec la voile que j'avois, & des picquets que je coupai pour cet effet & dans cette Tente j'aportai tout ce que je sçavois qui se gâteroit à la pluye, ou au Soleil ; aprés cela, je me fis un rempart des coffres vuides & des tonneaux, que je plaçai les uns sur les autres tout autour de ma Tente, pour la fortifier contre tout assaillant de quelque espece qu'il peut être.

Cela étant fait, je barricadai la porte de la Tente avec des planches en dedans, & un coffre vuide, dressé sur un bout en dehors ; & après avoir posé mes deux pistolets à mon chevet, couché mon fusil auprés de moi, je me mis au lit, pour la premiere fois, & je dormis fort tranquillement toute la nuit, car j'étois las & accablé, pour n'avoir dormi que fort peu la nuit d'auparavant, & pour avoir rudement travaillé tout le jour, soit à aller chercher à bord tant de provisions, soit à les débarquer.

Le magazin que j'avois alors de toutes sortes de choses étoit, je pense, le plus gros qui se soit jamais amassé pour une seule personne : mais je n'étois pas encore content ;

car

car je m'imaginois que, tandis que le Vaisseau resteroit droit sur sa quille, comme il faisoit, il étoit de mon devoir, d'en aller tirer tout ce que je pourois. Ainsi je m'en allois chaque jour à bord, pendant la marée basse, & j'en raportois tantôt une chose, tantôt une autre : mais entr'autres, la troisiéme fois que j'y allai, j'enlevai tout ce que je pus des agrés, les petites cordes, & le fil de carret que je trouvai, une piéce de cannevas de surcroît, pour racommoder les voiles dans l'occasion, & le baril de poudre qui avoit été mouillé ; & enfin toutes les voiles depuis la plus grande jusqu'à la plus petite. Mais avec cette circonstance que je fus obligé de les couper en plusieurs morceaux, & d'en porter le plus que je pourois à chaque reprise, car elles ne pouvoient plus servir pour voiles, mais seulement pour simple cannevas.

Mais la chose qui me fit le plus de plaisir dans tout le butin que je fis, c'est qu'après avoir fait cinq ou six voyages da la maniere que je viens de dire, & que je croyois qu'il n'y avoit plus rien dans le bâtiment qui valut la peine de s'en embarasser, je trouvai encore un grand tonneau de biscuit, trois bons barils de rum, ou d'eau de vie, une boëte de cassonnade. & un muid de fleur de farine trés-belle. L'agréable surprise où me jetta cette trouvaille fut d'autant plus grande, que je ne m'attendois plus du tout à aucune provision, que l'eau n'eût entierement

ment gâtée ; je vuidai au plus vîte le tonneau de biscuit, j'en fis plusieurs parts, & je les envelopai dans des morceaux de voiles, que je taillai précisément pour cela, & enfin je transportai cette charge à terre avec autant de bonheur que j'avois fait les autres.

Le lendemain je fis un autre voyage; & comme j'avois déja dépoüillé le Vaisseau de tout ce qui étoit portable, & qui se pouvoit soulever aisément, je commençai alors à me mettre aprés les cables : je débutai par le plus gros, que je coupai en plusieurs piéces proportionnées à mes forces, tellement que je les pusse remuer ; j'amoncelai deux cables, & une hansiére, & toute la feraille que je pus arracher. Ensuite ayant coupé la vergue de beaupré, & celle de mizaine pour me faire un grand radeau, je mis dessus cette charge lourde & pesante que je venois de préparer, & je voguai. Mais ici mon bonheur commença à m'abandonner ; car ce radeau étoit si pesant & surchargé, qu'étant entré dans le petit réduit où j'avois débarqué mes autres provisions, & ne pouvant pas le gouverner aussi absolument que j'avois fait les autres, il se renversa, & me jetta dans l'eau avec toute la cargaison. Quant à moi, le mal n'étoit pas grand, car j'étois proche de terre; mais pour ce qui est de ma cargaison, il en fut perdu une bonne partie, sur tout du fer, dont je m'étois promis de faire un bon usage : néanmoins la marée devenuë baſſe, je ſauvai à terre la plûpart des pieces de cable, & quelques-unes de fer, quoi qu'à la verité avec un travail infini, puiſque j'étois obligé pour cela de plonger dans l'eau, exercice qui me fatigua beaucoup. Aprés cet exploit je ne manquai point d'aller à bord une fois chaque jour, & d'en aporter tout ce que je pouvois.

Il y avoit déja treize jours que j'étois à terre, & j'avois fait onze voyages à bord du Vaiſſeau: durant ce tems-là j'en avois enlevé tout ce qu'au monde une perſonne ſeule eſt capable d'enlever; mais je crois, que ſi le tems calme eût continué, j'aurois amené à terre tout le bâtiment piece aprés piece. Je voulus y retourner la douziéme fois, & comme je m'y préparois, je trouvai que le vent commençoit à ſe lever: cela n'empêcha pourtant pas que je ne m'y rendiſſe durant la marée baſſe: & quoique j'euſſe ſouvent foüillé & refoüillé par toute la chambre du Capitaine avec tant d'exactitude, que je croyois qu'il n'y avoit plus rien à trouver, je découvris cependant une armoire avec des tiroirs dedans, dans l'un deſquels je trouvai deux ou trois raſoirs, une petite paire de cizeaux, & dix ou douze couteaux, avec autant de fourchettes: dans un autre il y avoit environ trente-ſix livres ſterling en eſpeces; les unes étant monnoye d'Europe, les autres de Brezil, moitié en or, moitié en argent, & entr'autres quelques pieces de huit.

A la vûë de cet argent, je souris en moi-même, & il m'échapa tout haut cette Apostrophe: » O vanité des vanitez, m'écriai-
» je, métail imposteur, que tu es un vil
» prix à mes yeux! à quoi es-tu bon? non
» tu ne vaut pas la peine que je me baisse
» pour te ramasser; un seul de ces couteaux
» est plus estimable que les tresors de Cré-
» sus; je n'ai nul besoin de toi, demeure
» donc où tu es, ou plûtôt va-t'en au fond
» de la mer, comme une créature indigne
» de voir le jour. « Aprés avoir donné un
libre cours à mon indignation, je me ravisai pourtant tout à coup, & prenant cette somme avec les autres ustensilles que j'avois trouvé dans l'armoire, j'empaquetai le tout dans un morceau de canevas. Je pensois déja à faire un radeau, quand je m'aperçûs que le Ciel se couvroit, & qu'il commençoit à fraîchir. Au bout d'un quart d'heure un vent fort souffla de la Côte, & sur le champ me fit faire réflexion que ce seroit une idée chimérique, de vouloir faire un radeau avec un vent qui éloignoit de terre; & que mon plus court étoit de m'en retourner avant que le flux de mer commençât, si je ne voulois pas dire adieu pour toûjours à la terre. En conséquence de ce raisonnement, je me mis dans l'eau, & je traversai à la nage cette plage, qu'il y avoit entre le Vaisseau & les sables, mais ce ne fut pas sans beaucoup de peine, tant à cause du

poids

[...]ids des choses que je portois sur moi, que [...] l'agitation de la mer : car le vent s'éleva [...]brusquement qu'il y eût une tempête, avant [...]ême que la marée fut haute.

Mais j'étois déja arrivé chez moi, à l'abri [...]e l'orage, & posté dans ma Tente, au cen[...]re de mes richesses. Il fit un gros tems tou[...]e la nuit, & le matin quand je voulus re[...]arder en mer, je vis qu'il ne paroissoit plus [...]e Vaisseau. La surprise où je fus d'abord; [...]t bien-tôt place à ces reflexions consolan[...]es, sçavoir que je n'avois point perdu de [...]ems, que je n'avois épargné ni soin, ni pei[...]e pour en tirer tout ce qui me pouvoit être [...]e quelque utilité, & que quand même j'au[...]rois eu plus de loisir, à peine y avoit-il en[...]core quelque chose que je pusse emporter, [...]e toutes celles qui restoient à bord.

Dés lors je ne pensai plus ni au Vaisseau, ni à ce qui m'en pouroit provenir, excepté ce que la mer pouroit jetter de ses débris sur le rivage comme en effet elle en jetta plusieurs morceaux dans la suite, mais ils ne me servirent pas de grande chose.

Toutes mes pensées ne tendoient plus qu'à me mettre en sureté contre les Sauvages qui pouroient venir, ou bien contre les bêtes feroces, suposé qu'il y en eût dans l'Isle. Or, il me passoit dans l'esprit plusieurs idées differentes, concernant la maniere de l'exécution, & l'espéce d'habitation que je me construirois, ne sçachant si je me creuserois une cave,

ve, ou si je me dresserois une tente : [en] conclusion, je résolus d'avoir l'une & l'autre ; & la description de tout l'édifice ne [se]ra peut-être pas hors de propos.

J'avois d'abord reconnu que la place [où] j'étois, ne seroit pas propre pour mon é[ta]blissement, en premier lieu, parce que [le] terrain en étoit bas & marécageux, & j[e] vois tout sujet de croire qu'il n'étoit pas [sain] en second lieu, parce qu'il n'y avoit po[int] d'eau douce prés de-là : c'est pourquoi [je] pris le parti de chercher une piece de ter[re] plus convenable.

J'avois plusieurs avantages à consult[er] dans la situation que je jugeois qui me sero[it] propre : le premier étoit de jouïr de ma san té, & par conséquent d'avoir de l'eau douce, dont je viens de parler. Le second, d'êt[re] à l'abri des ardeurs du Soleil. Le troisiéme de me garantir contre les assauts de tous an[i]maux dévorans, fussent-ils hommes ou bê tes ; & le quatriéme, d'avoir vûë sur la mer, afin que si la Providence permettoit qu'[il] vint quelque Vaisseau à ma portée, je n'o[]misse rien de ce qui pouvoit favoriser m[a] délivrance, dont l'attente n'étoit pas enco re tout-à-fait bannie de mon cœur.

Comme j'étois en quête d'une place ain si conditionnée, je trouvai une petite plai ne située au pied d'une colline élevée, dont le front étoit roide, & sans talud, de même que le frontispice d'une maison, tellement

ment que rien ne pouvoit venir fur moi du haut en bas: dans la façade de ce rocher il avoit un endroit creux, qui s'enfonçoit un peu en avant, affez femblable à l'entrée, ou à la porte d'une cave, mais il n'y avoit en effet aucune caverne, ni aucun chemin qui allât dans le rocher.

C'eft fur l'efplanade, juftement devant cet enfonçure, que je réfolus de planter le piquet. La plaine n'avoit pas plus de cent vergées de largeur, elle s'étendoit environ une fois plus en long, & formoit devant mon habitation une efpece de tapis verd, qui fe terminoit en defcendant irrégulierement de tous côtez dans les bas lieux vers la mer. Cette fituation étoit au Nord Nord-Oüeft de la colline, tellement qu'elle me mettoit tous les jours à l'abri de la chaleur jufqu'à ce que j'euffe le Soleil à l'Oüeft-quart au Sud-Oüeft, ou environ, qui eft à peu prés l'heure de fon coucher dans ces climats.

Avant que de dreffer ma Tente, je tirai au devant de l'enfonçure un demi-cercle, qui prenoit environ dix vergées dans fon demi-diametre depuis le rocher jufqu'à la circonference, & vingt de diametre, depuis un bout jufques à l'autre.

Dans ce demi-cercle je plantai deux rangs de fortes paliffades, que j'enfonçai dans terre, jufqu'à ce qu'elles fuffent fermes comme des piliers, le gros bout fortant de terre de plus de la hauteur de cinq pieds & demi,

demi, & pointu par le haut : il n'y avoit pas plus de six pouces de distance de l'un à l'autre rang.

Ensuite je pris les pieces de cable que j'avois coupez à bord du Vaisseau, & les rangeai les unes sur les autres dans l'entredeux du double rang, jusqu'au haut des palissades, ajoûtant d'autres pieux d'environ deux pieds & demi, apuyez contre les premiers, & leur servant d'accoudoirs en dedans du demi cercle. Cet ouvrage étoit si fort, qu'il n'y avoit ni homme ni bête qui pût le forcer ou passer par dessus. Il me couta beaucoup de tems & de travail, principalement pour couper les palissades dans les bois, les porter sur la place, & les enfoncer dans la terre.

Je fis pour entrer dans la place, non pas une porte, mais une petite échelle, avec laquelle je passois par dessus mes fortifications : & quand j'étois dedans, j'enlevois & je retirois l'échelle aprés moi. De cette maniere je me croyois parfaitement défendu & bien fortifié contre tous agresseurs quelconques, & par conséquent je dormois en toute sûreté pendant la nuit, ce qu'autrement je n'aurois pû faire, quoi qu'à la verité la suite du tems fit assez voir, qu'il n'étoit nullement besoin de tant de précautions contre les ennemis que je croyois devoir redouter.

C'est dans ce retranchement, ou si vous voulez, dans cette Forteresse, que je transportai mes provisions, mes munitions ; en un mot, toutes mes richesses, dont je vous ai donné çi-devant un compte fidéle. Je m'y érigeai une grande Tente, que je fis double pour me garantir des pluyes, qui sont excessives dans cette Region pendant certain tems de l'année. Je dressai donc premierement une Tente médiocre ; secondement une plus grande par dessus, & ensuite je couvris le tout d'une toile goudronnée, que j'avois sauvée avec des voiles.

Dés-lors je cessai pour un long-tems de coucher dans le lit que j'avois aporté à terre, aimant mieux dormir dans un branle qui étoit trés-bon ; ç'avoit été celui du Pilote de nôtre Vaisseau.

Je portai dans ma Tente toutes les provisions qui se pouvoient gâter à la pluye, & ayant de la sorte renfermé tous mes biens dans l'enceinte de mon domicile, j'en bouchai l'entrée que j'avois laissée ouverte jusqu'ici; tellement que je passois & repassois avec une échelle, comme je l'ai décrit ci-dessus.

Quand j'eûs fait cela, je commençai à creuser bien avant dans le roc, & portant la terre & les pierres que j'en tirois à travers ma Tente, je les jettois ensuite au pied de la palissade, tellement qu'il en résulta une sorte de terrasse, qui éleva le terrain d'environ un pied & demi en dedans. Ainsi je me fis une caverne, qui étoit comme le cellier de ma maison, justement derriere ma Tente.

Il m'en couta un long & pénible travail
avant

avant que je pusse mettre la derniere main à ces differens ouvrages; c'est ce qui m'oblige à retourner sur mes pas, pour reprendre quelques faits, qui occuperent mon esprit durant ce tems-là. Un jour, lorsque je ne m'étois encore que figuré le plan de ma Tente & de ma cave, il arriva qu'un nuage sombre & épais s'étant formé dans l'air, il en tomba un orage de pluye; tout soudain il fit un éclair, & bientôt aprés un grand coup de tonnerre, ce qui en est l'effet naturel, je ne fus pas tant frapé de l'éclair que je le fus d'une pensée qui passa dans mon ame avec la promptitude de ce meteore. » Ah ! dis-je en moi-même, que deviendra ma poudre ? sans elle, avec quoi me défendrai-je ? comment pourvoirai-je à ma nourriture sans elle ? » Enfin j'étois plus mort que vif, lorsque je fis réflexion que toute ma poudre pouvoit sauter en un instant; & il s'en falloit bien que j'eusse autant de souci concernant ma propre personne; quoi qu'à la verité, si la poudre eût pris feu, je n'aurois jamais sçû d'où partoit le coup fatal.

Cela fit tant d'impression sur mon esprit, que quand l'orage eût passé, je suspendis mes fortifications & mes travaux, pour me mettre à faire des sacs & des boëtes à resserrer ma poudre, afin qu'aprés en avoir fait plusieurs pacquets dispersez çà & là, l'un ne fit pas prendre feu à l'autre, & que je ne pusse pas la perdre toute à la fois.

Je

Je mis bien quinze jours à finir cet ouvrage, & je crois que ma poudre, dont la quantité montoit à environ cent quarante livres, ne fut pas divisée en moins de cent paquets. Quant au baril qui avoit été mouillé, je n'en apréhendois aucun accident, ainsi je le plaçai dans ma nouvelle caverne, que j'eus la fantaisie d'appeller ma cuisine : & pour le reste, je le cachai dans des trous de rochers, que j'eus grand soin de remarquer, & où il étoit exempt d'humidité.

Durant le tems que je mis à faire ceci, je ne laissois passer aucun jour sans aller dehors au moins une fois, soit pour me divertir, soit pour tâcher de tuer quelque chose à manger, ou encore pour reconnoître autant que je pourrois, ce que l'Isle produisoit. La premiere fois que je sortis, je reconnus bien-tôt qu'il y avoit des boucs, ce qui me causa beaucoup de joye ; mais cette joye fut temperée par une circonstance mortifiante pour moi ; c'est que ces animaux étoient si sauvages, si rusez, & si legers à la course, qu'il n'y avoit rien au monde de plus difficile, que de les aprocher. Cette difficulté ne me découragea pourtant pas, ne doutant nullement que j'en pourrois tirer de tems en tems, comme il arriva en effet bien-tôt après : car lorsque j'eus remarqué leurs allées & leurs venuës, voici comment je m'y pris. J'observai que quand j'étois dans les vallées,

& que je les voyois sur les rochers, ils prenoient d'abord l'épouvante, & s'enfuyoient tous avec une vîtesse extrême; mais s'ils étoient à paître dans les vallées, & que je fusse sur les rochers, ils ne remuoient pas, ni ne prenoient pas seulement garde à moi. De là je conclus, que par la position de leur Optique, ils avoient la vûë tellement tournée en bas, qu'ils ne voyoient pas aisément les objets qui étoient élevez au dessus d'eux: ce qui fut cause que dans la suite je pris la méthode de commencer ma chasse par monter toûjours sur les rochers, afin d'être plus haut placé qu'eux, & alors j'en tirois souvent à plaisir. Le premier coup que je tirai sur ces animaux, je tuai une chevre qui avoit auprés d'elle un petit chevreau encore tettant, dont je fus veritablement mortifié; & quand la mere fut tombée, le petit resta ferme auprés d'elle, jusqu'à ce que j'allasse la ramasser, je la chargeai ensuite sur mes épaules, & tandis que je l'emportois, le petit me suivit jusqu'à mon enclos; là je mis bas la vieille, puis prenant le jeune entre mes bras, je le portai par dessus la palissade dans l'esperance de l'apprivoiser; mais il ne vouloit pas manger, ce qui m'obligea à le tuer, & à le manger moi-même. Cette venaison me nourrit pendant long-tems, car je vivois avec épargne, & ménageois mes provisions, mais sur tout mon pain, autant qu'il étoit possible.

A

A cette heure voyant que j'avois fixé mon habitation, je trouvai qu'il étoit absolument nécessaire de me faire un endroit, & des provisions pour du feu. Mais pour ce que je fis à cette fin-là, la maniere dont j'élargis ma caverne, les aisances & commoditez que j'y ajoûtai, c'est ce que je dirai amplement en son lieu. Il faut maintenant que je rende quelque compte de ce qui me regarde personnellement, & des pensées qui agitoient diversement mon esprit, comme on peut bien croire au sujet d'un genre de vie si étrange.

Ma condition se presentoit à mes yeux sous une image terrible. Car comme je n'avois fait naufrage conrre cette Isle qu'aprés avoir dérivé par une violente tempête, & aprés avoir été chassé à quelques centaines de lieuës loin de la course ordinaire du commerce des hommes, j'avois grande raison d'attribuer cet évenement à un arrêt particulier de la Justice Divine, qui me condamnoit à terminer une triste vie dans un si triste séjour. Tandis que j'étois à faire ces réflexions, un torrent de larmes ruisseloit le long de mes joües, quelquefois aussi je me plaignois à moi-même à tort de ce que la Providence procuroit ainsi la ruine entiere de sa Créature, & qu'elle pût tellement retirer son secours, apesantir sa main, & l'accabler enfin si entierement, qu'à peine la raison vouloit-elle qu'une telle vie meritât aucune réconnoissance.

Mais

Mais ces penſées étoient toûjours contrebalancées par d'autres qui leur ſuccedoient, & qui faiſoient voir que j'avois tort. Un jour entr'autres me promenant le long de la mer, ayant mon fuſil ſous le bras, j'étois fort penſif au ſujet de ma condition preſente, quand la raiſon, qui ſçait le pour & le contre, vint repliquer aux murmures qui m'étoient échapez : ,, Eh bien ! diſois-je tout
,, bas, je ſuis dans une miſerable condition,
,, il eſt vrai, mais où ſont mes compagnons?
,, n'étions-nous pas onze dans le bateau, où
,, ſont les autres dix ? d'où vient qu'ils n'ont
,, pas été ſauvez, & moi perdu ? pourquoi
,, ai-je été le ſeul épargné, lequel vaut mieux
,, d'être ici, ou d'être-là ? (en même-tems
,, je montrois la mer avec le doigt.) Ne faut-
,, il pas conſiderer les choſes du bon & du
,, mauvais côté ? & les biens dont nous joüiſ-
,, ſons, ne doivent-ils pas nous conſoler des
,, maux qui nous affligent? ,,

Enſuite, je conſidérois combien j'étois avantageuſement pourvû pour ma ſubſiſtance ; quel ſeroit mon ſort s'il ne fût pas arrivé, par un coup qui n'arrivera pas de cent fois l'une, que le Vaiſſeau flottât du banc où il avoit premierement donné, pour dériver tellement vers la terre, que j'euſſe le tems d'en tirer tout ce que j'avois par devers moi. Qu'aurois-je fait, ſi j'avois été obligé de demeurer dans la même condition dans laquelle j'avois abordé à l'Iſle,

ſans

sans les choses nécessaires pour me procurer les besoins de la vie ? « Que deviendrois-je, m'écriai-je tout haut dans ce Solilo- « que ? que deviendrois-je sans mon fusil, par « exemple, sans munitions pour aller à la « chasse, sans outils pour travailler, sans ha- « bits pour me couvrir, sans lit pour me re- « poser, sans Tente pour habiter ? Je joüissois « alors de ces choses, j'en étois fourni d'une quantité suffisante, & j'avois en main le moyen de me pourvoir d'une maniere à pouvoir un jour me passer de mon fusil, quand une fois mes munitions seroient consumées ; tellement que j'aurois selon toutes les apparences de quoi subsister tout le tems de ma vie. Car j'avois prévû dés le commencement comment je pourrois remedier à tous les accidens qui pourroient arriver, comment je pourvoirois à l'avenir, non-seulement en cas que mes munitions vinssent à manquer, mais encore quand ma santé seroit ruïnée, ou mes forces épuisées.

J'avouë cependant qu'il ne m'étoit pas encore venu dans l'esprit que je pouvois perdre mes munitions tout d'un coup, j'entens que ma poudre pouvoit sauter en l'air par le feu du Ciel, & c'est pour cela que cette idée seule me consternoit si fort toutes les fois que l'Eclair ou le Tonnerre la rapelloient, comme je l'ai remarqué il n'y a pas long-tems.

A present donc que je dois exposer sur
la

la Scene la representation d'une vie taciturne, mais d'une telle vie, qu'on n'a peut-être jamais oüi parler de rien de semblable en ce monde, je remonterai jusqu'au commencement, & je la continuerai par ordre. C'étoit le trentiéme de Septembre, que je mis pied à terre pour la premiere fois, & de la façon que j'ai raconté ci-dessus, dans cette Isle affreuse, dans le tems que le Soleil étant dans l'équinoxe d'Automne, dardoit presque perpendiculairement ses rayons sur ma tête; car je comptois, suivant mon estime faite, d'être dans la Latitude de neuf Dégrez & vingt-deux Minutes au Nord de la Ligne.

Quand j'eus demeuré-là dix ou douze jours, il me vint dans l'esprit que je perdrois ma supputation de tems, faute de cahiers, de plume & d'encre, & que je ne pourrois plus distinguer les Dimanches des jours ouvriers, si je n'y trouvois remede. Pour prévenir cette confusion, j'érigeai prés du rivage, là où j'avois pris terre la premiere fois, un grand poteau quarré & croisé, avec cette inscription: JE SUIS VENU DANS CETTE ISLE LE TRENTIE'ME SEPTEMBRE 1659. Sur les côtez de ce poteau, je marquois chaque jour un cran; tous les sept jours j'en marquois un doublement grand, & tous les premiers du mois un autre, qui surpassoit doublement celui du septiéme jour. Et de cette maniere je tenois mon Calendrier,

lendrier, ou mon calcul de Semaines, de Mois & d'Années.

Il faut observer que dans ce grand nombre de choses que je tirai du Vaisseau, dans les differens voyages que j'y fis, & que j'ai déja raportés, il s'en trouvera beaucoup de moins considerables à la verité que celles que j'ai inserées, mais qui pour cela ne m'étoient pas d'un moindre usage : comme, par exemple, des plumes, de l'encre, & du papier ; plusieurs pieces que je trouvai dans les cabanes du Capitaine, du Pilote, du Cannonier, & du Charpentier ; trois ou quatre compas, des instrumens de Mathematiques, des Cadrans, des Lunettes d'aproche, des Cartes, & des livres de Navigation ; toutes lesquelles choses je mis pêle-mêle sans me donner le tems d'examiner ce qui me pourroit servir ou non. Je trouvai aussi trois Bibles fort bonnes, que j'avois reçûës avec ma cargaison d'Angleterre, & que j'avois pris soin de mettre parmi mes Hardes lorsque je partis du Brezil : outre cela quelques livres Portugais, & entr'autres deux ou trois livres de prieres à la Catholique Romaine, & plusieurs autres que j'eus grand soin de serrer. Il ne faut pas non plus oublier, que nous avions dans le Vaisseau deux chats & un chien, dont l'histoire fameuse pourra bien trouver quelque place, & donner du relief à celle-ci : j'emportai les deux chats avec moi,

moi, & pour le chien il sauta de lui-même du Vaisseau dans la mer, & vint me trouver à terre le lendemain que j'y eus amené ma premiere cargaison. Pendant plusieurs années il fit auprés de moi les fonctions d'un serviteur & d'un camarade fidéle; il ne me laissoit jamais manquer de ce qu'il étoit capable d'aller chercher, il employoit toutes les souplesses de l'instinct pour me faire bonne compagnie; il n'y a qu'une seule chose que j'aurois fort desiré, mais dont je ne puis point venir à bout, c'étoit de le faire parler J'ai déja observé que j'avois trouvé des plumes, de l'encre & du papier; je ferai voir que je tins un compte exact de toutes choses, aussi long-tems que dura mon encre; mais quand elle fut finie, la chose ne fut pas possible, parce que je ne pus trouver aucun moyen d'en faire de nouvelle, ou quelque autre chose pour y supléer.

Cela me fait songer, que nonobstant ce gros magazin que j'avois amassé, il me manquoit encore quantité de choses: de ce nombre étoit premierement l'encre comme je viens de dire, ensuite une béche, une pioche, & une péle pour foüir & pour transporter la terre, des aiguilles, des épingles & du fil: pour ce qui est de la toile, j'apris en peu de tems à m'en passer sans beaucoup de peine.

Ce manquement d'outils étoit cause que je n'allois que lentement dans tout ce que je faisois, & il se passa prés d'un an tout

entier

entier avant que j'eusse entierement achevé ma petite pallissade ou mon enclos. Les pieux, dont elle étoit formée, pesoient si fort, que c'étoit tout ce que je pouvois faire que de les soulever ; il me faloit tant de tems pour les couper dans les bois, pour les façonner, & sur tout pour les conduire jusqu'à ma demeure, qu'un seul me coutoit quelques fois deux jours pour le transporter, & un troisiéme pour l'enfoncer dans terre. Pour ce dernier travail, je me servois au commencement d'une grosse piéce de bois ; dans la suite je m'imaginai qu'il seroit plus commode de me servir d'un des leviers de fer ; c'est ce qu'il me fut facile de trouver, & que j'employai en effet ; mais malgré ce secours je ne laissai pas de trouver que c'étoit un rude & long exercice que celui d'enfoncer les palissades.

Mais je n'avois pas sujet de me rebuter de la longueur d'un ouvrage quel qu'il fut, je ne devois aucunement être chiche de mon tems ; & je ne sçache pas à quoi je l'aurois pû employer, si cet ouvrage eût été terminé, à moins que d'aller faire la visite de l'Isle pour chercher de la nouriture, & c'est aussi ce que je faisois tous les jours tantôt plus, tantôt moins.

Je commençai alors à considerer serieusement ma condition, & à peser les circonstances dont elle étoit accompagnée. Je couchai par écrit l'état de mes affaires, non pas tant pour le laisser à mes successeurs, (car il n'y avoit pas d'aparence que j'aurois beaucoup d'heritiers) que pour divertir de mon esprit les pensées differentes qui venoient en foule l'accabler tous les jours. La force de ma raison commençoit à se rendre Maîtresse de l'abbatement de mon cœur; & pour la seconder de tous mes efforts, je fis un état des biens & des maux qui m'environnoient, comparant les uns aux autres, afin de me convaincre qu'il y avoit des gens encore plus malheureux que moi. Je conduisis cet examen avec toute l'impartialité d'un homme qui voudroit faire un calcul fidéle de ce qu'il a déboursé, & de ce qu'il a reçû.

LE MAL.

Je suis dans une Isle affreuse, contre laquelle j'ai fait naufrage, & sans aucune esperance d'en sortir.

LE BIEN.

Mais je suis en vie, & je n'ai pas été noyé comme l'ont été tous les autres qui étoient avec moi sur le Vaisseau.

LE MAL.

J'ai été decimé & separé en quelque maniere du reste du monde pour être miserable.

LE BIEN.

Mais j'ai été separé du reste de l'Equipage,

ge, pour être souftrait aux bras de la Mort; & celui qui m'a délivré de la Mort, peut auffi me délivrer de cette condition.

Le Mal.

Je suis dans une folitude horrible, & banni de toute Societé humaine.

Le Bien.

Mais je ne fouffre pas la famine, ni ne fuis pas en danger de périr dans un lieu fterile, & qui ne produife rien pour la nouriture.

Le Mal.

Je n'ai point d'habits pour me couvrir.

Le Bien.

Mais je fuis dans un Climat chaud, où je ne pourrois point porter d'habits, quand même j'en aurois.

Le Mal.

Je fuis fans défenfe, & je ne pourois pas réfifter à la violence des hommes ou des bêtes.

Le Bien.

Mais j'ai été jetté dans une Ifle, où je ne vois aucune bête fauvage capable de me faire du mal, comme j'en ai vû fur la Côte d'Afrique; & quel feroit mon fort, fi j'avois échoüé contre cette Côte?

LE MAL.

Je n'ai pas une seule personne avec qui parler, ni dont je puisse attendre le moindre secours.

LE BIEN.

Mais la Providence, par une espece de miracle, a envoyé le Vaisseau assez près de terre, pour que j'y pûsse aller chercher quantité de choses, qni non seulement me font subsister presentement, qui me mettent encore en état de pourvoir à mes besoins pour un long avenir, & même pour tout le tems de ma vie.

Enfin, le tout bien & dûëment consideré, il en résultoit une conséquence, dont la vérité est incontestable, c'est qu'il n'y a presque pas de condition si miserable dans la vie où il n'y ait quelque chose de positif ou de négatif, qui doit être regardé comme une faveur reçûë de la Providence. Et l'expérience d'un état le plus affreux où l'homme puisse être réduit en ce monde, fournit à tous cette belle leçon, qu'il est toûjours en nôtre pouvoir de ttouver quelque sujet de consolation qui dans l'examen des biens & des maux fasse pancher la balance du bon côté.

J'accoûtumois déja un peu mon esprit à suporter ma condition ; j'avois quitté l'habitude de regarder en mer pour voir si je ne dé-

découvrois aucun vaisseau ; & cessant de perdre mon tems en choses vaines, & souvent chagrinantes, je voulus deformais l'employer tout entier à m'accommoder, & à me procurer tous les adoucissemens possibles dans ce genre de vie.

J'ai déja décrit mon habitation que j'avois placée au pied d'un rocher, & qui étoit une tente entourée d'un double rang de fortes palissades, fourées de cables. Mais je pouvois bien maintenant donner à ma cloison le nom de muraille, car je l'avois effectivement murée en dehors d'un renfort de gazon de deux pieds d'épaisseur ; & au bout d'un an & demi ou environ, j'ajoûtai des chevrons qui prenans du haut de la palissade apuyoient contre le rocher, & que je garnis & entrelançai de branches d'arbres & autres matereaux que je pus trouver pour me garantir des pluyes, qui en certains tems de l'année me paroissoient être bien violentes.

J'ai aussi raconté comment j'avois renfermé tout mes effets, tant dans cet enclos que dans la cave qui étoit derriere moi : mais il faut encore observer que tout cela n'étoit dans les commencemens qu'un tas confus de meubles & d'outils, qui faute d'être bien arrangez, tenoient toute ma place ; de sorte qu'il ne m'en restoit pas pour me remuer. C'est pourquoi je me mis à élargir ma caverne & à travailler sous terre ; car le rocher étoit lâche & graveleux, & cedoit assez facilement au travail que j'y mettois. Ainsi me voyant suffisamment en sûreté du côté des bêtes feroces, j'avançai mes travaux dans le roc à main droite, & ensuite tournant encore une seconde fois à droite, je parvins à me faire jour à travers, pour pouvoir sortir par une porte qui fut indépendante de ma palissade ou de mes fortifications.

Cet ouvrage ne fournissoit pas seulement une espece de porte de derriere à ma Tente & à mon Magazin pour y avoir une entrée & une sortie, mais encore il me donn_ot de l'espace pour ranger mes meubles. C'est alors que je m'apliquai à fabriquer ceux qui m'étoient les plus nécessaires ; & je commençai par une chaise & une table ; car sans ces deux commoditez, je ne pouvois pas bien joüir du peu de douceurs qui me restoient encore dans la vie ; je ne pouvois pas écrire, par exemple, si à mon aise, ni manger avec tant de satisfaction sans une table.

Je mis donc la main à l'œuvre ; & je ne puis m'empêcher ici de remarquer, que la Raison est le principe & l'origine des Mathematiques, aussi n'y a-t'il point d'homme qui à force de mesurer chaque chose en particulier selon les régles de la Raison, & d'en former un jugement raisonnable, ne puisse avec le tems se rendre maître d'un Art mécanique. Je n'avois manié de mes jours aucun outil, & cependant par mon travail, par mon aplication, par mon industrie je trouvai

à

à la fin, qu'il n'y avoit aucune des choses qui me manquoient, que je n'eusse pû faire, si j'avois eu les outils propres pour cela : sans outil même je fis plusieurs ouvrages ; & avec le secours d'une hache & d'un rabot seulement, je vins à bout de quelques-uns, ce qui n'étoit peut-être jamais arrivé auparavant ; mais c'est aussi ce qui me coûta un travail infini. Si, par exemple, je voulois avoir une planche, je n'avois d'autre moyen que celui de couper un arbre, le poser devant moi, le tailler des deux côtez jusqu'à le rendre suffisamment mince, & de l'aplanir ensuite avec mon rabot. Il est bien vrai, que par cette métode je ne pouvois faire qu'une planche d'un arbre entier, mais à cela non plus qu'au tems & à la peine prodigieuse que je mettois à la faire, il n'y avoit autre remede que la patience. D'ailleurs, mon tems ou mon travail étoit si peu précieux, qu'autant valoit que je l'employasse d'une maniere que de l'autre.

Néanmoins je me fis une chaise & une table, comme je l'ai dit. C'est par là que je commençai, & me servis pour cela des morceaux de planches, que j'avois amenez du Vaisseau sur mon radeau. Mais quand j'eus fait des planches moi-même de la maniere que je viens de dire, je fis de grandes tablettes de la largeur d'un pied & demi, que je plaçai l'une au-dessus de l'autre tout le long d'un côté de ma caverne, pour y mettre mes outils,

outils, mes cloux, ma feraille, en un mot, pour arranger féparement toutes chofes, & les pouvoir trouver plus aifément. J'enfonçai pareillement des chevilles dans la muraille du rocher, pour pendre mes fufils, & autres meubles qui pouvoient être fufpendus. Tellement que qui auroit vû ma caverne, l'auroit prife pour un magazin general de toutes les chofes néceffaires ; le bon ordre qui y régnoit, faifoit d'abord trouver fous ma main ce que je cherchois, & cela joint à la bonne quantité dont j'étois pourvû, me caufoit beaucoup de fatifaction.

C'eſt pour lors que je commençai à tenir un Journal de tout ce que je faifois : car il eſt certain que dans le commencemens j'étois trop accablé non pas de travail, mais des troubles de l'efprit, pour faire un Journal fuportable, & qui ne fut pas rempli de chofes fades & infipides. Par exemple, voici comme j'aurois débuté : Le 30. jour de Septembre je vins à terre, aprés avoir failli à me noyer. Je vomis d'abord à caufe de la grande quantité d'eau falée que j'avois avalée, & ayant un peu recouvré mes efprits, je ne rendis point graces à Dieu de ma délivrance, comme j'aurois dû faire, mais je me mis à courir çà & là, comme un perdu, tantôt ferrant les mains l'une contre l'autre, tantôt me frapant la téte & le vifage ; en même-tems je faifois de terribles lamentations fur mon malheur ; & je m'écriois tout haut,

je

je suis perdu ; helas ! je suis perdu. Ce manége dura jusqu'à ce que m'étant bien tourmenté & épuisé, je fus obligé de m'étendre & de me coucher à terre, pour me repoſer ; mais je n'oſois pas dormir, crainte d'être devoré.

Quelques jours après ceci, que j'avois été à bord du Vaiſſeau, & que j'en avois tiré tout ce que j'avois pû, il me prit encore envie de monter ſur le ſommet d'une petite montagne, & là de regarder en mer, dans l'eſperance de découvrir quelque voile : il me ſembla que j'en voyois une ; je me berçai de cette eſperance, & après avoir regardé ſi long-tems & ſi fixement, que je n'en pouvois plus voir, l'objet s'évanoüit, & moi je m'aſſis à terre pour pleurer comme un enfant, & de la ſorte augmenter ma miſere par ma ſottiſe.

Mais ayant enfin ſurmonté en quelque façon toutes ces foibleſſes, me voyant établi dans mon domicile, pourvû de meubles, avec une chaiſe & une table de ſurcroît, le tout auſſi bien conditionné que j'avois pû, je commençai à tenir un Journal que je continuai autant que dura mon encre, & dont je vous donnerai ici la copie, mais l'exactitude m'obligera à vous y repeter pluſieurs particularitez que vous avez vûës ci-deſſus.

JOURNAL.

Le 30. jour de Septembre de l'an 1659. Aprés avoir fait naufrage durant une horrible

ble tempête, qui depuis plusieurs jours emportoit le bâtiment hors de sa route, moi malheureux *Robinson Crusoe*, seul échapé de tout l'équipage, que je vis périr devant mes yeux, étant plus mort que vif, je pris terre dans cette Isle infortunée, à cause dequoi j'ai crû pouvoir à juste titre l'apeller l'*Isle de desespoir*.

Je passai tout le reste du jour à m'affliger de l'état affreux où j'étois réduit, n'ayant ni alimens, ni retraite, ni habits, ni armes, dénué de toute esperance de recevoir du secours, m'attendant à être la proye des bêtes feroces, la victime des Sauvages, ou le martir de la faim; ne voyant en un mot devant moi que l'image de la mort. A l'aproche de la nuit, je montai sur un arbre de peur d'animaux sauvages, de quelque genre qu'ils pussent être mais la pluye qu'il fit pendant toute la nuit ne m'empêcha pas de dormir d'un profond sommeil.

Le 1. d'Octobre. Je fus surpris de voir le matin que le Vaisseau avoit flotté avec le montant, & qu'il avoit encore été porté beaucoup plus prés du rivage qu'il n'étoit auparavant. D'un côté, c'étoit un sujet de consolation pour moi de le voir encore dressé sur sa quille, & tout entier; j'esperois que si le vent venoit à s'abattre, je pourois aller à bord, y trouver dequoi manger, & en tirer plusieurs choses pour fournir tant aux nécessitez, qu'aux commoditez de la vie;

vie ; d'un autre côté ce spectacle renouvelloit la douleur de la perte de mes camarades; je m'imaginois que si nous eussions demeuré à bord, nous aurions pû sauver le Vaisseau, ou du moins une bonne partie de ceux qui le montoient & qui avoient été noyez ; & & que nous aurions peut-être construit un bâteau des debris, pour nous transporter en quelqu'autre partie du Monde. Une partie de cette journée se passa à me tourmenter par de telles réflexions ; mais enfin voyant que le vaisseau étoit presque à sec, je marchai sur le sable aussi loin que je pûs, & je me mis à la nage pour aller à bord. Il continua de pleuvoir pendant ce jour, mais il ne faisoit point de vent.

Depuis le 1. d'Octobre jusqu'au 24. Tous ces jours furent employez à faire plusieurs voyages pour tirer du vaisseau ce que je pouvois, & que je conduisois ensuite à terre sur des radeaux avec la marée montante. Il plut encore beaucoup pendant tout ce temps, quoi qu'avec beaucoup d'intervalle de beau tems, mais à ce qui paroît, c'étoit la saison des pluyes.

Le 24. d'Octobre. Je renversai mon radeau & tous les effets qui étoient dessus ; mais comme ce n'étoit pas en un lieu profond, & que la charge étoit de choses pesantes pour la plûpart, j'en recouvrai une grande partie dans la basse marée.

Le 25. d'Octobre, il fit une pluye qui dura toute

toute la nuit & tout le jour, acompagnée de tourbillons de vent, qui s'élevoient de tems en tems avec violence, & qui mirent le vaisseau en pieces, tellement qu'il n'en paroissoit plus rien que les débris, encore n'étoit ce que sur la fin du reflux. Je m'occupai cette journée à serrer les effets, que j'avois sauvés crainte qu'il ne se gâtassent à la pluye.

Le 26. d'Octobre. Je me promenai presque pendant tout le jour, cherchant une place propre à fixer mon habitation; ayant fort à cœur de me mettre en sûreté contre les attaques nocturnes des hommes cruels, ou des bêtes sauvages. Vers la nuit je plantai le piquet dans un endroit convenable au pied d'un rocher; & je tirai un demi cercle pour marquer les limites de mon campement, que je me résolus de fortifier d'un ouvrage composé de deux rangs de palissades dont l'entre-deux étoit comblé de cables, & le dehors de gazons.

Depuis le 26. jusqu'au 30. Je travaillai fort & ferme à porter mes effets dans mon habitation nouvelle, quoi qu'il plût excessivement durant une partie de ce tems-là.

Le 13 au matin. Je sortis avec mon fusil pour aller par l'Isle à la découverte & à la chasse. Je tuai une chevre, dont le chevreau me suivit jusque chez moi, mais comme il ne vouloit point manger je fus obligé de le tuer pareillement.

Le 1. de Novembre. Je dressai ma Tente au pied

pied d'un rocher, je la fis aussi spacieuse que je pus, la soûtenant sur des picquets que je plantai, & ausquels je suspendis mon branle. J'y couchai pour la premiere nuit.

Le 2. de Novembre. Je plaçai tous mes coffres, toutes les planches, & toutes les pieces de bois, dont j'avois composé mes radeaux, autour de moi, & je m'en fis un rempart, tant soit peu en dedans du cercle que j'avois marqué pour ma forteresse.

Le 3. de Novembre. Je sortis avec mon fusil, & je tuai deux oiseaux semblables à des canards, & qui étoient un trés-bon manger. L'aprés-dînée je me mis à travailler pour me faire une table.

Le 4. de Novembre au matin, je constituai une regle, que je me fis une loi d'observer désormais chaque jour, c'étoit d'avoir mon tems pour travailler, pour m'aller promener avec mon fusil, pour dormir, & pour mes petits divertissemens ; j'ordonnai la chose de la maniere qui suit. Le matin j'allois dehors avec mon fusil pour deux ou trois heures s'il ne pleuvoit pas ; ensuite je m'employois à travailler jusqu'à environ onze heures ; & aprés cela je mangeois ce que la Providence & mon industrie m'avoient préparé ; à midi je me couchois pour dormir jusqu'à deux heures, parce qu'il faisoit extrêmement chaud à cette heure-là ; & enfin je retournois au travail sur le soir. Je mis le travail tout entier de cette journée, & de la sui-

vante

vante à faire ma table, car je n'étois alors qu'un pauvre ouvrier, quoique dans la suite le tems & la nécessité me rendirent bien-tôt parfaitement expert dans la Mechanique, & c'est mon sentiment, que tout homme qui se seroit trouvé en ma place, ne seroit pas devenu moins habile, sous ces deux grands Maîtres.

Le 5. de Novembre, j'allai dehors avec mon fusil & mon chien, & je tuai un chat sauvage : la peau en étoit douce, mais la chair ne valoit rien du tout ; j'écorchois tous les animaux que je tuois, & j'en conservois la peau. En m'en revenant le long de la côte je vis plusieurs oiseaux de mer, qui m'étoient inconnus ; mais je fus surpris & presque effrayé à la vûë de deux ou trois veaux marins, qui pendant que j'étois à les considerer, ne sçachant pas encore ce que c'étoit, se jetterent dans la mer, & m'échaperent pour lors.

Le 6. de Novembre, aprés ma promenade du matin je me remis à travailler aprés ma table, & je la finis : il est vrai que je ne la trouvai pas faite à ma fantaisie, mais aussi je ne fus pas long-tems sans aprendre à en corriger les défauts.

Le 7. de Novembre, le tems commença à se mettre au beau. Je ne travaillai à autre chose qu'à me faire une chaise durant le septiéme, huitiéme, neuviéme, dixiéme, & une partie du douziéme, je ne parle pas
de

de l'onziéme, parce que c'étoit le Dimanche suivant mon Calendrier; j'eus bien de la peine à donner à cet ouvrage une forme reconnoissable, encore ne m'agréoit-il point du tout; quoique je l'eusse mis en pieces plusieurs fois avant d'y mettre la derniere main. Notez que dans peu je négligeai l'observation du Dimanche; parce qu'ayant omis de graver le cran qui le désignoit, j'oubliai l'ordre des jours.

Le 13. de Novembre, il fit une pluye qui me rafraîchit extrêmement, & qui fit un grand bien à la terre; mais le Tonnerre & les Eclairs dont elle étoit accompagnée, me causerent des frayeurs terribles au sujet de ma poudre. Dès que ce fracas fut passé, je pris la résolution de partager ma provision de poudre en tout autant de petits paquets que j'en pourois faire, pour la mettre en toute sûreté.

Le 14. le 15. & le 16. J'employai ces trois jours à faire de petites boëtes quarrées qui pouvoient tenir chacune une livre de poudre ou deux tout au plus. Et après les avoir remplies je les plaçai dans plusieurs endroits differents, les assurant & les éloignant les unes des autres autant qu'il étoit possible. Je tuai en l'un de ces trois jours, un oiseau qui étoit bon à manger, mais je ne sçai pas comment l'apeller.

Le 17. de Novembre, je commençai à creuser le rocher qui étoit derriere ma tente

pour

pour me mettre plus au large & plus à mon aise. Notez qu'il me manquoit trois choses fort neceſſaires pour cet ouvrage, ſçavoir une pioche, une péle & une broüette, ou bien un panier; c'eſt pourquoi je diſcontinuai mon travail, & je me mis à ruminer comment je ferois, pour ſupléer à ce défaut, & pour me fabriquer des outils. Pour ce qui eſt de la pioche, je remediois à ſon manquement avec les leviers de fer, qui étoient aſſez propres pour cela, quoiqu'un peu peſans; mais quant à la péle, qui étoit la ſeconde choſe qui me manquoit, elle m'étoit d'un beſoin ſi abſolu, que ſans cela je ne pouvois effectivement rien faire; & pourtant je ne ſçavois pas encore de quel ſtratagême uſer pour y pourvoir.

Le 18. de Novembre. Le lendemain en cherchant dans les bois je trouvai une eſpece d'arbre, qui, s'il n'étoit pas le même que les Braziliens apellent l'arbre de fer, à cauſe de ſon extrême dureté, lui reſſembloit aſſûrement beaucoup. J'en coupai une piece avec beaucoup de difficulté, aprés avoir endommagé ma hache; & ce ne fut pas à moins de frais que je la portai juſqu'au lieu de mon domicile, car elle étoit auſſi extrêmement peſante.

La dureté exceſſive du bois, jointe à la maniere dont j'étois obligé de m'y prendre, fut cauſe que je mis un long-temps à conſtruire cette machine. Mais enfin petit à petit

& je lui donnai la forme d'une péle ou d'une bêche: elle avoit la queuë exactement faite comme celles dont on se sert en Angleterre; mais comme le plat n'en étoit pas garni de fer tout autour, elle ne pouvoit pas tant durer; cependant elle ne laissa pas de suffire aux usages ausquels j'avois dessein de la faire servir: au reste, je ne pense pas qu'on ait jamais employé ni tels moyens, ni tel tems à faire une péle.

Il me manquoit encore une autre chose, qui étoit un panier, ou bien une broüette. Je ne pouvois en aucune maniere faire un panier, n'y ayant pas, ou ne sçachant du moins pas qu'il y eût dans l'Isle, ni saule, ni osier, ni autre tel arbre dont les branches fussent propres à faire ces sortes d'ouvrages. Pour ce qui est de la broüette, il me sembloit que j'en viendrois bien à bout, excepté pourtant la roüe, dont je n'avois aucune notion, & pour laquelle je ne me sentois pas le moindre talent: d'ailleurs je n'avois rien pour forger l'essieu de fer qui doit passer dans le moyen: ainsi je fus obligé de me désister de ce dernier moyen; & pour porter hors de ma caverne la terre que j'abatois en bêchant, je me servis d'un instrument assez semblable à l'oiseau, dont se servent les Manœuvres pour porter le mortier.

La façon de ce dernier instrument ne me couta pas tant de peine, que celle de la péle: mais l'un & l'autre joints à l'essai inutile que je fis, pour voir si je pourois venir à bout d'une brouette, ne me tinrent pourtant pas moins de quatre jours tous entiers, excepté ma promenade du matin, que je manquois aussi rarement de faire avec mon fusil, qu'à en revenir sans aporter au logis quelque chose de bon à manger.

Le 23. de Novembre, mon autre travail ayant été interrompu jusqu'ici, à cause que je m'étois occupé à faire des outils : je le repris dés qu'ils furent achevez, travaillant chaque jour autant que mes forces & les régles que je m'étois prescrites pour la distribution de mon tems, me le permettoient. Je mis dix-huit jours à élargir & à allonger tellement ma caverne, que je pusse y serrer commodément tous mes effets.

Notez que j'en fis un lieu assez spacieux pour me servir de Magazin, de Cuisine, de Sale à manger, & de Cellier. Pour l'apartement où je logeois, c'étoit ma Tente, si vous en exceptez certains jours de la mauvaise saison, ausquels il pleuvoit si terriblement que je n'y étois pas bien à couvert. Et c'est ce qui m'obligea dans la suite à tendre sur tout cet espace, que renfermoit ma pallissade, de longues perches en guise de chevrons, accoudées contre le roc, & de les couvrir de glayeuls, & de larges feüilles, ce qui ressembloit assez à du chaume.

Le 10. de Decembre, je regardois déja ma voute comme achevée, lors qu'il se détacha

tout-

tout-à-coup une grande quantité de terre du haut de l'un des côtez, laquelle fit un tel fracas, que j'en fus extrêmement effrayé; & ce n'étoit pas sans raison, car si je me fusse trouvé dessous, je n'aurois de mes jours eu besoin d'un autre enterrement. J'eus beaucoup à faire pour réparer ce desastre; car il me faloit premierement emporter la terre qui étoit tombée, & ensuite, ce qui étoit plus important, il faloit étançonner la voute, pour prévenir à l'avenir un accident pareil.

Le 11. *de Décembre*, je travaillai à cela, & je dressai deux étayes, qui portoient contre le faîte avec deux morceaux de planche en croix sur chacune. Je finis cet ouvrage le lendemain; & non content de ce que j'avois fait, je continuai pendant près d'une semaine d'ajoûter d'autres étayes semblables aux premieres, qui assurerent tout-à fait ma voute, & qui formant un rang de pilliers, sembloient partager ma maison en deux apartemens.

Le 17. *de Décembre*, dés ce jour, jusqu'au vingtiéme, je m'occupai à placer des tablettes, & à planter des clous contre les étançons, pour suspendre tout ce qui pouvoit être suspendu; & dés-lors je pus me vanter qu'il y avoit de l'ordre, & de l'arrangement dans ma demeure.

Le 20. *de Décembre*, je commençai à porter mes meubles dans ma caverne; à garnir ma maison, & à faire une table de cuisine pour aprêter mes viandes, je me servis de planches pour cét effet, mais cette marchandise commençoit à devenir rare chez moi.

Le 24 *de Decembre.* Il plût beaucoup tout le jour & toute la nuit. Il n'y eût pas moyen de sortir.

Le 25. Il plût encore tout le jour.

Le 26. Il ne fit point de pluye, & l'Air & la Terre ayant été rafraichis, sembloient donner à la Nature un visage serain qu'elle n'avoit pas aupatavant.

Le 27 *de Decembre.* Je tuai un Chevreau, & j'en estropiai un autre, que j'attrapai près, & que j'amenai en lesse au logis: dès que je fus arrivé, je raccommodai sa jambe cassée, & la lui bandai. Notez que j'en pris un tel soin, qu'il survécut & devint bientôt aussi fort de cette jambe là que de l'autre: mais après l'avoir gardé long-tems, il s'aprivoisa avec moi, & il paissoit sur la verdure, qui étoit devant mon enclos, sans jamais s'enfuïr. C'est alors que me vint la premiere pensée d'entretenir des animaux privez, afin d'avoir de quoi me nourrir, quand une fois ma poudre & mon plomb seroient consumez.

Le 28, *le* 29, *& le* 30, il fit de grandes chaleurs qui n'étoient moderées par aucun vent: il n'étoit pas possible d'aller dehors, sinon sur le tard, que j'allois chercher dequoi manger.

Le

Le 1. *Janvier* 1660. Il fit encore grand chaud, mais je sortis de grand matin, & vers le soir avec mon fusil. Cette derniere fois m'étant avancé dans les vallées qui sont à peu près au centre de l'Isle, je vis qu'il y avoit grande abondance de Boucs : mais ils étoient extrêmement sauvages & de difficile accès ; & je résolus d'essayer une fois d'amener mon chien, pour voir s'il ne les pourroit point chasser vers moi.

Le 2. *Janvier*. Je me mis en campagne avec mon chien, selon que j'avois projetté la veille, & je le mis après les boucs ; mais je vis que je m'étois trompé dans mon calcul, car ils se joignirent de tous côtez faisant tête contre lui, qui fut assez prudent pour connoître le danger, & ne vouloir pas en aprocher.

Le 3. *Janvier*. Je commençai mes Fortifications, ou, si vous voulez, mon mur ; & comme j'avois toûjours quelque soupçon d'être attaqué, c'étoit dans le dessein de ne rien oublier, pour rendre l'ouvrage bien épais & bien fort.

Notez que comme je vous ai déja fait la description de cette muraille, j'obmets expressément ici ce qui en étoit dans le Journal. Il suffit seulement d'observer que je n'employai pas moins de tems, que depuis le trois de Janvier jusqu'au quatorze d'Avril à la faire & à la rendre complette ; quoiqu'elle n'eût pas plus de vingt-quatre vergées

vergées d'étenduë, formant un demi-cercle, qui prenoit depuis un endroit du roc, & aboutissoit à un autre, & qui occupoit environ huit vergées dans son diametre, à le tirer de l'entrée de ma cave jusqu'au point oposé de la circonférence.

Je me fatiguai beaucoup dans cet intervalle de tems, durant lequel je me vis traversé par la pluye, je ne dirai pas plusieurs jours, mais quelquefois qui plus est, les semaines toutes entieres. Il est vrai que je ne me croyois point en sûreté, jusqu'à ce que cette muraille fut finie ; & il est difficile de croire aussi-bien que d'exprimer, avec quel travail j'étois obligé de faire chaque chose, mais sur tout d'aporter les palissades de la forêt, & de les enfoncer dans terre ; car je les avois faites beaucoup plus grosses, qu'il n'étoit nécessaire.

Quand cette muraille fut finie, & que je l'eus revêtuë d'une autre que j'élevai en dehors avec du gazon, je me persuadai que quand même il viendroit quelques gens aborder à cette Isle, ils ne s'apercevroient pas qu'il y eût là aucune habitation. Et je fus bien-heureux de m'y être pris de la sorte, comme le fera voir dans la suite une occasion fort remarquable.

Cependant je faisois tous les jours ma tournée dans les bois pour tirer quelque gibier, à moins que la pluye ne m'en empêchât, & dans ces promenades réïterées je faisois souvent

vent des découvertes qui m'étoient avantageuses, tantôt d'une chose, tantôt d'une autre.

Je trouvai, par exemple, une espece de pigeons fuyards, qui ne nichent pas sur les arbres, comme font les ramiers, mais bien dans les trous des rochers à la maniere de ceux de colombier ; je pris quelques-uns de leurs petits à dessein de les nourir, & de les aprivoiser ; j'en vins à bout ; mais étant devenus vieux, ils s'envolerent tous & ne revinrent plus, & peut-être que ce qui donna premierement lieu à cela, fut le défaut de nouriture, car je n'avois rien pour leur remplir le jabot. Quoiqu'il en soit, je trouvois leurs nids aisément, & je prenois leurs petits qui étoient des morceaux délicats.

Cependant je m'apercevois dans l'administration de mon ménage, qu'il me manquoit bien des choses, que je crus au commencement qu'il me seroit impossible de faire : & cela étoit en effet vrai de quelques-unes. Par exemple, je ne pus jamais venir à bout d'achever un tonneau, & d'y mettre les cercles : j'avois un ou deux petits barils, comme je l'ai dit plus haut, mais je n'eus point assez de capacité pour en construire un sur leur modéle, malgré tous les efforts que je fis pour cela, pendant plusieurs semaines il me fut impossible de mettre les fonds, ou de joindre assez bien les douves ensemble pour y faire tenir l'eau ; ainsi j'abandonnai encore ce projet.

Une autre chose qui me manquoit, c'étoit la chandelle, & il m'étoit si incommode de m'en passer, que je me voyois obligé d'aller au lit, dés qu'il faisoit nuit, ce qui arrivoit ordinairement à sept heures. Et cela me fit souvenir de la masse de cire, dont je fis des chandelles dans mon Avanture d'Afrique, mais je n'en avois pas alors un seul petit morceau. L'unique remede dont je pus m'aviser pour temperer ce mal, fut que quand j'avois tué un bouc, j'en conservois la graisse; ensuite je fis secher au Soleil un petit plat de terre que je m'étois façonné; & prenant du fil de caret pour me servir de méche, je trouvai le moyen de me faire une lampe, dont la flâme n'étoit pas si lumineuse que celle de la chandelle, & répandoit une sombre lueur. Au milieu de tous mes travaux, il m'arriva que foüillant parmi mes meubles je trouvai un sac, dont j'ai déja fait quelque mention, & qui avoit été rempli de grain pour entretenir de la volaille, non pas pour ce voyage, mais pour un précedent, qui étoit, comme je pense, celui de Lisbonne au Brezil, ce qui restoit de blé avoit été rongé par les rats, & je n'y voyois plus rien du tout que des cosses & de la poussiere. Or comme j'avois besoin du sac pour autre chose, & c'étoit, si je ne me trompe, pour y mettre de la poudre lorsque je la partageai crainte des éclairs, je l'allai vuider, & en secoüer les cosses & les

reftes

restes au pied du rocher, à côté de mes fortifications.

Cela arriva un peu avant les grandes pluyes, dont je viens de parler, & je fis si peu d'attantion à ce que je faisois, lorsque je jettai dehors cette poussiere, qu'un mois de tems aprés ou environ, il ne m'en restoit pas le moindre souvenir, lorsque j'aperçûs par ci par là quelques tiges qui sortoient de la terre ; je les pris d'abord pour des plantes que je ne connoissois point. Mais quelque tems aprés je fus étonné de voir dix ou douze épics qui avoient poussé, & qui étoient d'un orge verd parfaitement beau, & de la même espece que celui d'Europe, & qui plus est aussi beau qu'il en croisse en Angleterre.

Il est impossible d'exprimer quel fut mon étonnement, & la diversité des pensées qui me vinrent dans l'esprit à cette occasion. Jusqu'ici la Religion n'avoit pas eu plus de part dans ma conduite, que de place dans mon cœur ; je n'avois regardé tout ce qui m'étoit arrivé que comme un effet du hazard ; c'est tout au plus s'il m'échapoit quelquefois de dire à la legere, comme font naturellement bien des gens, que Dieu étoit le maître, sans m'enquerir seulement des fins que se propose sa Providence, ou de l'ordre qu'elle observe à regler en ce bas monde les évenemens. Mais aprés que j'eus vû croître de l'orge dans un climat, que je sçavois n'être nullement propre pour le blé, dans le tems sur tout que j'ignorois la cause de cette production, je fus saisi d'étonnement, & je me mis dans l'esprit que Dieu avoit fait croître ce blé miraculeusement, sans le concours d'aucune semence, & qu'il avoit operé ce prodige uniquement pour me faire subsister dans ce miserable désert.

Cette idée toucha mon cœur, jusqu'à faire couler les larmes de mes yeux ; je me felicitois d'être si heureux, que la nature voulut bien faire de tels efforts en ma faveur ; & ma surprise augmenta encore, lorsque je vis d'autres tiges nouvelles qui poussoient auprés des premieres tout le long du rocher, & que je reconnus être des tiges de Ris, parce que j'en avois vû croître en Afrique, dans le tems que j'y étois à terre.

Non seulement je crûs que la Providence m'envoyoit ce present, mais ne doutant point que sa liberalité ne s'étendit encore plus loin, je m'en allai visiter tout le voisinage, & tous les coins des rochers, qui m'étoient déja suffisamment connus, pour chercher une plus grande quantité de ces productions miraculeuses ; mais c'est ce que je ne trouvai point. Enfin, je rapellai dans ma mémoire que j'avois secoüé en tel endroit un sac, où il y avoit eu du grain pour les poulets ; le miracle disparût ; & j'avouë que ma pieuse reconnoissance envers Dieu s'évanoüit aussi-tôt que j'eus découvert qu'il n'y avoit rien que de naturel dans cet évenement. Cependant il étoit

toit extraordinaire & imprevû, & n'exigeoit pas moins de gratitude, que s'il eût été miraculeux : car que la Providence eût dirigé les choses de maniere qu'il restât douze grains entiers dans un petit sac, abandonné aux rats & où tous les autres grains avoient été mangez ; que je les eusse jettez précisément dans un endroit, où l'ombre d'un grand rocher les fit germer d'abord, & que je n'eusse pas vuidé le sac dans un lieu où ils auroient aussi-tôt été brûlez par le Soleil, ou bien noyez par les pluyes : c'étoit une faveur aussi réelle, que s'ils fussent tombez du Ciel.

Je ne manquai pas, comme vous pouvez vous imaginer, de recueillir soigneusement ce blé dans la propre saison, qui étoit la fin du mois de Juin, & serrant jusqu'au moindre grain, je résolus de tout semer, dans l'esperance qu'avec le tems j'en aurois assez pour faire mon pain. Mais quatre ans se passerent avant que j'en pusse tâter, encore en usois-je sobrement, comme je le ferai voir en son lieu ; car celui que je semai la premiere fois fut presque tout perdu, pour avoir mal pris mon tems, en le semant justement avant la saison séche, ce qui fut cause qu'il périt, ou que du moins il n'en vint que trés-peu à perfection : mais nous parlerons de cela en sa place.

Outre cet orge, il y eut encore une trentaine d'épics de ris, que je conservai avec le même soin, & pour un semblable usage avec cette différence pourtant, que le dernier me servoit tantôt de pain & tantôt de mets, car j'avois trouvé le secret de l'aprêter sans le mettre en pâte. Mais il est tems de reprendre nôtre Journal.

Je travaillai bien rudement pendant trois ou quatre mois à bâtir ma muraille, & je la fermai le 14. d'Avril, m'en ménageant l'entrée avec une échelle pour passer par dessus, & non par une porte, de peur qu'on ne remarquât de loin mon habitation.

Le 16. d'Avril. je finis mon échelle, avec laquelle je montai sur mes palissades ; ensuite je l'enlevai & la mis à terre en dedans de l'enclos, qui étoit tel qu'il me le faloit ; car il y avoit un espace suffisant, & rien n'y pouvoit entrer qu'en passant par dessus la muraille.

Dés le lendemain que cet ouvrage fut achevé, je faillis à voir renverser subitement tous mes travaux, & à perdre moi-même la vie : voici comment la chose se passa. Comme je m'occupois derriere ma Tente, je fus tout-à-coup épouventé de voir que la terre s'ébouloit du haut de ma voute, & de la cime du rocher qui pendoit sur ma tête ; deux des pilliers que j'avois placez dans ma caverne, craquérent horriblement, & n'en sçachant point encore la véritable cause, je crûs qu'il n'y avoit rien de nouveau, mais qu'il pouroit bien tomber une bonne quantité de matereaux, comme me il étoit déja arrivé une fois. De peur d'être enterré deſſous, je m'enfuis au plus vîte vers mon échelle; & ne m'y croyant pas encore en fûreté, je paſſai par deſſus ma muraille, pour m'éloigner & pour me dérober à des morceaux entiers du rocher, que je croyois à tout moment devoir fondre ſur moi. A peine avois-je le pied à terre, de l'autre côté de ma paliſſade, que je vis clairement qu'il y avoit un tremblement de terre horrible; trois fois le terrain où j'étois, trembla ſous mes pieds; entre chaque repriſe il y eût un intervalle d'environ huit minutes; & les trois ſecouſſes furent ſi prodigieuſes, que les édifices les plus ſolides & les plus forts qui ſoient ſur la face de la terre, en auroient été renverſez. Tout le côté d'un rocher, ſitué environ à un demi mille de moi, tomba avec un bruit qui égaloit celui du Tonnerre. L'Ocean même me paroiſſoit émû de ce prodige, & je crois que les ſecouſſes étoient plus violentes ſous les ondes, que dans l'Iſle.

Le mouvement de la Terre m'avoit donné des ſoulevemens de cœur, comme auroit fait celui d'un Vaiſſeau battu de la tempête, ſi j'avois été ſur mer; je n'avois rien vû ni rien entendu dire de ſemblable; & l'étonnement dont j'étois ſaiſi, glaçoit le ſang de mes veines, & ſuſpendoit en quelque façon toutes les puiſſances de mon ame. Mais le fracas cauſé par la chute du rocher vint fraper

fraper mes oreilles, & m'arracher de l'état insensible où j'étois plongé, pour me remplir d'horreur & d'effroi, en ne me laissant entrevoir que de terribles objets, une montagne entr'autres toute prête à s'abîmer sur ma Tente & sous son propre poids, & à ensevelir dans ses ruïnes toutes mes richesses. Cette pensée rejetta mon ame dans sa premiere léthargie.

Voyant au bout de quelque tems que les trois premieres secousses n'étoient suivies d'aucune autre, je commençai à reprendre courage, & neanmoins je n'osois pas encore passer par dessus ma muraille de peur d'être enterré tout vif, mais je demeurai sans me bouger assis à terre, dans l'abatement, dans l'affliction, & dans l'incertitude de ce que je devois faire. Durant tout ce tems, je n'avois aucune pensée serieuse de Religion, si ce n'est que je prononçois de tems en tems du bout des lévres ce formulaire, *Seigneur, ayez pitié de moi*; encore cette ombre de Religion ne dura-t'elle guéres, & s'évanoüit aussi vîte que le danger.

Tandis que j'étois assis, comme je viens de dire, je vis que l'air s'obscurcissoit, & que le Ciel se couvroit de nuages, de même que s'il alloit pleuvoir. Bien-tôt aprés le vent s'éleva peu à peu; & alla si fort & en augmentant, qu'en moins d'une demi-heure, il souffla un ouragan furieux. A l'instant vous auriez vû la mer blanchir de son écume, le

rivage

tivage inondé des flots, les arbres arrachez du sein de la Terre, & tous les ravages d'une affreuse tempête. Elle dura prés de trois heures, ensuite elle alla en diminuant, au bout de trois autres heures il fit calme, & il commença de pleuvoir extrêmement fort.

Cependant j'étois dans la même situation de corps & d'esprit, quand tout à coup je fis réflexion, que ces vents & cette pluye étant une suite naturelle du tremblement de terre, il faloit que ce dernier fut épuisé, & que je pouvois bien me hazarder à retourner dans ma demeure. Ces pensées réveillerent mes esprits, & la pluye aidant encore à me persuader, j'allai dans ma Tente; mais je n'y fus pas long-tems, que j'apréhendai qu'elle ne fut renversée par la violence de la pluye; ainsi je fus forcé à me retirer dans ma caverne, quoi qu'en même-tems je tremblasse de peur qu'elle ne s'écroulât sur ma tête.

Ce Déluge m'obligea à faire un trou au travers de mes Fortifications comme une rigole, pour faire écouler les eaux, qui sans cela auroient inondé ma caverne. Quand j'eus demeuré à l'abri pendant quelque tems, & que je vis que le tremblement de terre étoit passé, mon esprit commença à se trouver dans une meilleure assiette, & pour soutenir mon courage, qui en avoit assurément grand besoin, je m'en allai à l'endroit où étoit ma petite Provision, pour me fortifier d'un trait de rum; mais alors comme en toute autre occasion ; j'en usai fort sobrement, sçachant trés-bien, que quand mes bouteilles seroient une fois à sec, il n'y auroit plus moyen de les remplir.

Il continua de pleuvoir toute la nuit & une partie du lendemain, tellement qu'il n'y eût pas moyen de mettre le pied dehors ; mais comme je me possedois beaucoup mieux, je commençai aussi à refléchir sur le meilleur parti que j'avois à prendre ; concluant que si l'Isle étoit sujette à des tremblemens ; il ne faloit aucunement faire ma demeure dans une caverne ; mais songer à me bâtir une Cabane dans un lieu découvert & dégagé, où je me remparerois d'une muraille telle que la premiere, pour me mettre en garde contre tous animaux, hommes ou bêtes ; pleinement convaincu, que si je restois dans le même endroit, il ne manqueroit pas de me servir de sepulcre.

Ces raisonnemens me firent résoudre que j'ôterois ma Tente du lieu où je l'avois dressée, qui étoit au pied d'un rocher haut & escarpé, lequel s'il venoit à être secoüé une seconde fois, tomberoit certainement sur moi. Les deux jours suivans, qui étoient le 19. & le 20. d'Avril, je n'eus l'esprit occupé d'autre chose que de l'endroit que je choisirois, pour y transferer ma demeure.

Cependant la crainte d'être enterré tout vif, faisoit que je ne dormois jamais tranquillement ; celle que j'avois de coucher

hors

hors de ma Forteresse dans un lieu tout ouvert & sans défense, étoit presque aussi grande : mais quand je regardois tout autour de moi, que je considérois le bel ordre, où j'avois mis toutes choses, combien j'étois agréablement caché, combien j'avois peu à craindre les irruptions, certes je sentois beaucoup de répugnance à déménager.

De plus, je me representois que je serois un très long-tems à faire de nouveaux ouvrages, & qu'il me faloit risquer de rester où j'étois, jusqu'à ce que j'eusse formé une espece de campement, & que je l'eusse suffisamment fortifié pour y prendre mes logemens en toute sûreté. De cette maniere, je me mis l'esprit en repos pour quelque tems, & je pris la résolution de mettre incessamment la main à l'œuvre pour me construire une muraille avec des palissades & des cables comme j'avois fait la premiere fois ; de renfermer mes travaux dans un petit cercle ; & d'attendre pour déloger, jusqu'à ce qu'ils fussent finis & perfectionnez. C'est le 21. que cela fut arrêté dans mon Conseil privé.

Le 22. d'Avril. Dés le grand matin je songeai aux moyens de mettre mon dessein en exécution, mais je me trouvois fort en arriere du côté de mes outils. J'avois trois grandes Besaigues, & une multitude de hâches, parce que nous en avions embarqué une provision pour trafiquer avec les Indiens ; mais ces instrumens à force de charpenter, &

de

de couper du bois dur & noüeux, avoient le taillant tout denté & émoussé, & quoique j'eusse une pierre à aiguiser, je n'avois cependant pas le secret de la faire tourner pour m'en pouvoir servir. Cet obstacle intrigua beaucoup mon esprit; & fut pour moi ce que seroit un grand point de Politique à l'égard d'un homme d'Etat, & la condamnation ou l'absolution d'un criminel à l'égard d'un Juge. A la fin pourtant j'inventai une roüe attachée à un cordon pour donner le mouvement à la pierre avec mon pied tandis que j'aurois les deux mains libres. Notez que je n'avois jamais vû une telle invention en Angleterre, ou que du moins je n'avois point du tout remarqué comment elle étoit pratiquée, quoi qu'elles y soient fort communes à ce que j'ai pû voir depuis. D'ailleurs ma pierre étoit fort grosse & fort lourde; & cette machine me couta une semaine entiere de travail pour la rendre parfaite & achevée.

Les 28. *& 29. d'Avril.* J'employai ces deux jours à aiguiser mes outils, la machine que j'avois inventée pour tourner la pierre, joüant à merveille.

Le 30. *d'Avril* M'apercevant depuis longtems que mon pain diminuoit considérablement, j'en fis la revûë; & je me réduisis à un biscuit par jour, ce qui étoit pour moi un brisement de cœur.

Le 1 *de Mai.* Regardant le matin vers la mer pendant la basse marée, je vis quelque chose

chose d'assez gros sur le rivage, & cela ressembloit assez à un tonneau; quand je me fus aproché, je trouvai qu'il y avoit un petit baril & deux ou trois morceaux des débris du vaisseau, qui avoient été poussez à terre par le dernier Ouragan. Je regardai du côté du vaisseau, & il me parût être beaucoup plus hors de l'eau qu'il n'étoit auparavant. J'examinai le baril qui étoit sur le rivage, & je trouvai que c'étoit un baril de poudre, mais qu'il avoit pris eau, & que la poudre étoit toute colée, & dure comme une pierre. Néanmoins je le roulai plus avant par provision, pour l'éloigner de l'eau, & j'allai ensuite aussi prés du vaisseau, que je le pouvois sur le sable.

Quand je fus proche, je trouvai qu'il avoit étrangement changé de situation. Le Château d'avant qui auparavant étoit enterré dans la sable, paroissoit pour lors élevé de plus de six pieds : la Poupe qui avoit été mise en piéces, & separée du reste par la tempête, dès que j'eus achevé d'y fouiller la derniere fois, sembloit avoir été balottée, & se montroit toute sur un côté, avec de si hauts monceaux de sable devant elle, qu'au lieu que ci-devant je n'en pouvois pas aprocher d'un demi mille, qu'à la nage, il m'étoit aisé à present d'aller à pied jusques au dessus, quand le reflux s'étoit épuisé. D'abord je fus surpris d'une telle situation, mais bien tôt je conclus qu'elle

avoit

avoit été causée par le tremblement de terre ; & comme par les secousses de ce tremblement, le Vaisseau s'étoit brisé & entr'ouvert beaucoup plus qu'il ne l'étoit auparavant, de même aussi il venoit tous les jours à terre quantité de choses, que la mer détachoit, & que les vents & les flots faisoient peu à peu rouler jusques le sable.

Ceci me fit entierement quitter la pensée de changer d'habitation ; & ma principale occupation ce jour-là, fut d'essayer si je ne pourrois point pénétrer dedans le vaisseau ; mais je vis que c'étoit une chose à laquelle je ne devois point m'attendre, parce que le ventre du bâtiment étoit comblé de sable jusques au bord. Néanmoins comme l'expérience m'avoit apris à ne desesperer de rien, je résolus de mettre en piéces tout ce que je pourrois des reliques, me persuadant que ce que j'en tirerois, me serviroit à quelque usage.

Le 13. de Mai. Je me mis à travailler avec ma scie, & je coupai de part en part un morceau de poutre, qui soutenoit une partie du demi pont ; aprés cela j'écartai & j'ôtai le plus de sable que je pûs du côté le plus haut ; mais le montant survint, & m'obligea de finir pour ce jour-là.

Le 14. de Mai. J'allai à la pêche, mais je n'atrapai pas un seul poisson que j'osasse manger ; ce qui me dégouta de ce passe-tems ; cependant comme j'étois sur le point de quitter,

ter, j'attrapai un petit Dauphin. J'avois une grande ligne faite de fil de corde, mais je n'avois point d'hameçon, & néanmoins je prenois assez de poissons, & tout autant que j'en pouvois consumer. Tout l'aprêt que j'y faisois, c'étoit de le sécher au Soleil ; après quoi je le mangeois.

Le 5. de Mai. J'aillai travailler sur les débris ; je coupai une autre poutre, & tirai du Pont trois grosses planches de sapin, que je liai ensemble, & fis flotter avec le montant jusqu'au rivage.

Le 6. de Mai. Je travaillai sur les débris d'où j'enlevai plusieurs ferrailles ; cela me coûta un long & pénible travail : j'arrivai fort las au logis : & j'avois quelque envie de renoncer à ces corvées.

Le 7. de Ma. Je retournai aux débris sans avoir le dessein d'y travailler : mais je trouvai que la carcasse s'étoit élargie & affaissée sous le poids de sa charge, depuis que j'avois coupé les deux poutres : que plusieurs endroits du bâtiment étoient détachés du reste ; & que la cale étoit si découverte que je pouvois voir dedans, mais elle regorgeoit de sable & d'eau.

Le 8. de Mai. J'allai au débris, & je portai avec moi un levier de fer pour démanteler le Pont, qui pour lors étoit tout-à-fait exempt d'eau & de sable : j'enlevai deux planches, que je conduisis encore avec la marée. Je laissai le levier sur la place pour le lendemain.

Le

Le 9. de Mai. Je me rendis aux débris avec le levier je pénétrai plus avant dans le corps du bâtiment ; je sentis plusieurs tonneaux, que je remuai bien, mais je ne pus point les défoncer. Je sentis pareillement le rouleau de plomb d'Angleterre, & je le soulevois bien un peu, mais il étoit trop pesant pour l'emporter.

Les 10. 11. 12. 13. 14. *de Mai.* J'allai tous ces jours-là aux débris, & j'en tirai plusieurs piéces de charpente, nombre de planche, & deux ou trois cens livres pesant de fer.

Le 15. *de Mai.* Je portai avec moi deux haches, pour essayer si je ne pourois point couper un morceau de plomb roulé, en y apliquant le taillant de l'une, que je tâcherois d'enfoncer en frappant avec la tête de l'autre. Mais comme il étoit environ un pied & demi enfoncé dans l'eau, je ne pouvois donner aucun coup qui portât & qui fit impression.

Le 16. *de Mai.* Il venta beaucoup toute la nuit, & la carcasse du bâtiment en parût encore plus fracassée qu'auparavant : mais je demeurai si long-tems dans les bois à chercher des nids de pigeons pour ma cuisine, que je me laissai prévenir par le montant ce jour-là ; & il m'empêcha d'aller aux débris.

Le 17. *de Mai.* J'aperçûs quelques morceaux du débris, qui avoient été portez à terre, à une distance de près de deux milles ; je

vou-

voulus aller voir de quoi il s'agiſſoit, il ſe trouva que c'étoit une piece de Poupe, mais trop peſante pour que je la puſſe emporter

Le 24. de Mai. Je travaillai ſur les débris, juſqu'à ce jour incluſivement, & à force de jouër du levier pendant tout cet intervalle, j'ébranlai ſi fort la carcaſſe, que le premier montant qu'il y eût accompagné de vent, fit flotter pluſieurs tonneaux, & deux coffres des Matelots. Mais comme le vent ſouffloit de terre, rien ne vint au rivage ce jour-là, excepté des morceaux de bois, & un tonneau plein de Porc de Brezil ; que l'eau ſalée & le ſable avoient entierement gâté.

Je continuai ce travail juſqu'au quinziéme Juin, ſans pourtant déroger au tems néceſſaire pour chercher ma nouriture, & que j'avois fixé à la haute marée durant ces allées & ces venuës, afin que je puſſe être toûjours prêt pour la baſſe. J'avois de cette maniere amaſſé du merrein, des planches, & du fer en aſſez grande quantité pour conſtruire un bateau, ſi j'avois ſçû comment m'y prendre. J'avois encore enlevé piéce après piéce, prés de cent livres de plomb roulé.

Le 16. de Juin. En marchant vers la mer, je trouvai une groſſe tortuë, qui étoit la premiere que j'euſſe encore vûë dans l'Iſle mais ſi j'avois été ſi long-tems ſans découvrir aucun de ces animaux, c'étoit plûtôt un effet du malheur, que de la rareté de leur eſpéce : car je trouvai depuis que je n'aurois

eu

eu qu'à aller à l'autre côté de l'Isle pour en avoir des milliers chaque jour; mais peut-être aussi que cette découverte m'auroit coûté bien cher.

Le 17 de Juin. J'employai ce jour à aprêter ma Tortue: je trouvai dedans soixante œufs: & comme depuis mon abord dans cet affreux sejour, je n'avois pas goûté d'autre viande que d'oiseaux & de boucs: sa chair m'en parût la plus savoureuse & la plus délicieuse du monde.

Le 18. de Juin. Il plût tout le jour, & je restai au logis. La pluye me sembloit froide, & je me sentois tout frilleux; chose que je sçavois n'être point ordinaire dans cette latitude.

Le 19. de Juin. Je me trouvai fort mal, & frissonnant comme s'il eût fait grand froid.

Le 20 de Juin. Je n'eus point de repos toute la nuit; mais j'eus une fiévre accompagnée de grandes douleurs de tête.

Le 22. de Juin. Je fus fort mal, & j'eus des frayeurs mortelles de me voir réduit à cette miserable condition, que d'être malade & destitué de tout secours humain. Je fis ce qui ne m'étoit pas encore arrivé depuis la tempête, dont nous avions été accueillis à la sortie de la riviere d'Humber; ce fut de prier Dieu, mais d'une maniere si seche, qu'à peine sçavois-je ce que je disois, ni pourquoi je le disois, tant ma tête étoit broüillée.

Le 21. de Juin. Je me trouvai dans une disposition

position meilleure, mais les craintes terribles que me donnoit ma maladie, portoient le trouble de mon ame.

Le 23. de Juin. Je fus derechef fort mal ayant du froid, des tremblemens, & un violent mal de tête.

Le 24. de Juin. Je fus beaucoup mieux.

Le 25. de Juin. Je fus tourmenté d'une fiévre violente; l'accès me tint sept heures: il fut mêlé de froid & de chaud, & se termina par une sueur qui m'affoiblit beaucoup.

Le 26. de Juin. Je fus mieux, & comme je n'avois point de vivres, je pris mon fusil pour en aller chercher: je me sentois extrêmement foible; & néanmoins je tuai une Chevre, que je traînai au logis avec beaucoup de difficulté: j'en grillai sur les charbons quelques morceaux que je mangeai. C'auroit bien été mon dessein d'en étuver, pour me faire un peu de boüillon; mais il m'en falut passer faute de pot.

Le 27. de Juin. La fiévre me reprit si violemment, qu'elle me fit garder le lit tout le jour sans boire ni sans manger. Je mourois de soif; mais j'étois si foible que je n'avois pas la force de me lever pour m'aller chercher de l'eau pour boire. Je priai Dieu de nouveau; mais j'étois en délire: & en me quittant, ce délire me laissa dans une telle ignorance, que je fus obligé de me tenir couché; seulement m'écriois-je, *Seigneur, tourne ta face vers moi, Seigneur, pren pitié de moi.*

Je m'imagine que je ne fis autre chose durant deux ou trois heures, jusqu'à ce que l'accés m'ayant enfin quitté, je m'endormis, & ne me réveillai que bien avant dans la nuit. Quand je me réveillai, je me sentis fort soulagé, quoique bien foible & alteré : quoiqu'il en soit, il n'y avoit point d'eau dans toute ma demeure, & force fut de rester au lit jusqu'au matin, que je me rendormis ; & dans ce sommeil, je fis le songe affreux, que vous allez voir.

Il me sembloit que j'étois assis à terre, hors de l'enceinte de ma muraille, dans le même endroit où j'étois lors de la tempête qui suivit le tremblement ; & que je voyois un homme, qui d'une noire & épaisse nuée descendoit à terre au milieu d'un tourbillon de feu & de flâme. Depuis les pieds jusqu'à la tête il étoit aussi éclatant que l'Astre du jour, tellement que mes yeux n'en pouvoient suporter la vûë sans être éblouïs. Sa contenance portoit la terreur, mais une terreur que je pus bien sentir, & qu'on ne sçauroit exprimer. La terre, quand il la toucha de ses pieds, me parût s'ébranler, comme elle avoit fait ci-devant pendant le tremblement ; & la Région de l'Air embrasée, paroissoit n'être plus qu'une fournaise ardente.

A peine étoit-il descendu sur ce bas Element, qu'il s'achemina vers moi, armé d'une longue pique pour me tuer ; quand il fut parvenu à une certaine éminence distante de quel-

quelque pas, il me parla, & d'une voix terrible il proféra ces paroles encore plus terribles : *parce que tu ne t'és pas converti à la vûë de tant de signes, tu mourras.* A ces mots il leva sa redoutable lance, & je le vis venir pour me fraper.

De toutes les personnes qui liront cette Relation, aucune ne s'attendra que je sois capable de représenter les horreurs où cette vision plongea mon ame : horreurs d'autant plus étranges, que même durant le songe j'en sentois un accablement réel : l'impression, que cela fit sur mon esprit, ne passa pas comme un songe ; elle s'y grava profondément ; & après mon réveil, elle se conserva dans toute sa force, malgré les Lumieres du jour & de la Raison.

Helas ! à peine avois-je quelque connoissance de la Divinité : ce que j'avois apris sous mon pere étoit oublié : les bonnes instructions qu'il m'avoit données autrefois, avoient eu le tems de s'effacer par une débauche non interrompuë de huit ans de tems, que j'avois passez à vivre & à converser avec des Mariniers, qui ne valoient pas mieux que moi, c'est-à-dire, scelerats & profanes au suprême degré. Je ne sçache pas que durant un si long espace, il me soit jamais venu la moindre pensée de m'élever vers Dieu, pour admirer sa Sagesse, ou de descendre au dedans de moi-même, pour y contempler ma misere : une certaine stupidité d'ame s'étoit emparée de moi, & en avoit banni tout desir du bien, & toute sensibilité au mal: j'avois tout l'endurcissement qu'il faut, pour être un modéle de libertinage parmi les Matelots de la plus méchante espece; n'ayant aucun sentiment ni de crainte de Dieu dans les dangers qui se presentoient, ni de gratitude envers lui dans les délivrances qu'il operoit.

On n'aura pas de peine à croire ce que je viens de dire, si l'on refléchit sur les traits précédens de mon Histoire, & si j'ajoûte que parmi cette foule de malheurs qui m'arivérent successivement, je ne m'avisai pas une seule fois, que ce pouvoit être la main de Dieu qui s'apesantissoit sur moi, que c'étoit une punition de mes crimes, de ma desobéïssance envers mon pere, ou du cours entier d'une méchante vie. Dans cette expedition desesperée que je fis sur les Côtes desertes de l'Afrique, il ne m'arriva nullement de refléchir qu'elle seroit ma derniere fin, ni de m'adresser à Dieu pour lui demander de diriger ma course, & de me couvrir du bouclier de sa Providence, pour me mettre en garde contre la ferocité des bêtes, & contre la cruauté des Sauvages, dont j'étois entouré de toutes parts. Le Souverain n'étoit ni l'objet de mes pensées, ni la régle de ma conduite: j'agissois en pur animal suivant l'instinct de la nature, & mettant à peine en usage les principes du sens commun.

Lorsque je fus délivré en pleine mer par le

le Capitaine Portugais, qui me reçût à son bord honorablement, & qui me traita avec équité, avec humanité, avec charité ; je n'avois en moi nul sentiment de reconnoissance. Quand depuis je fis naufrage sur la Côte de l'Isle, où je fus submergé & englouti par plusieurs reprises, où je devois périr cent & cent fois, je n'eus garde de sentir ma conscience touchée, & de regarder la chose comme un jugement de Dieu ; mais je me contentois de croire qu'il y avoit dans cet évenement de la fatalité, & de me dire souvent à moi-même, que j'étois une maudite Créature, & que j'étois né pour être malheureux.

Il est bien vrai que dès que j'eus pris terre pour la premiere fois, & que je trouvai que tout le reste de l'Equipage avoit été noyé, & que j'étois le seul qui eût été sauvé, il est bien vrai, dis-je, qu'alors j'eus une espece d'extase, & un ravissement de cœur, qui assisté de l'efficace de la grace, auroit bien pû se terminer à une reconnoissance Chrétienne ; mais ce fut un fruit qui avorta dans sa naissance, un lumignon aussi-tôt éteint qu'allumé, un mouvement qui dégénera en un transport de joye toute charnelle, & provenant uniquement de me voir encore en vie ; sans que je considerasse, que le bras du Tout-puissant s'étoit signalé en ma faveur ; qu'il m'avoit tiré moi seul du nombre des morts, pour me remettre encore sur la terre : ma joye ne differoit en rien de celle,

que

que ressentent communément les Matelots qui se voyent à terre après être échapez du Naufrage, qui consacrent ces premiers momens à la boisson, & qui se hâtent de noyer au plus vîte le souvenir de tout le passé dans les verres & dans les pots. Telle étoit ma disposition, & telle elle fût durant tout le cours de ma vie.

Lorsque la suite du tems & de mûres considérations m'eurent fait sentir tout le poids de ma misere, que je me representois un Naufrage étrange dans ses circonstances, affreux dans son issuë; que je me voyois séparé de tout le Genre humain sans nulle aparence d'y être incorporé; que j'envisageois mes maux parvenus à leur comble, sans en apercevoir dans l'avenir le moindre degré de diminution; dans cet état s'il venoit à luire un petit rayon d'esperance de pouvoir subsister ma vie & de la défendre contre la faim, ç'en étoit assez pour charmer mes ennuis, pour servir de contre-poids à toutes mes afflicrions: dés-lors je commençois à me mettre l'esprit en repos; je travaillois tranquillement aux ouvrages nécessaires pour ma sureté & pour ma nourriture: j'étois bien éloigné de faire intervenir dans mes malheurs le couroux du Ciel & la main vengeresse de Dieu: mon esprit n'étoit guére accoûtumé à remonter ainsi des effets à leur véritable cause.

Le blé, dont j'ai fait mention dans mon
Jour-

Journal, & que j'avois vû s'élever inopinément au pied du rocher, frapa mon ame aussi-tôt que ma vûë, il lui inspira une attention serieuse autant de tems que l'opinion du miracle s'y maintint : mais cette supofition ne fut pas plûtôt éclipsée, qu'elle entraîna avec elle tous les bons mouvemens qu'elle avoit fait naître, c'est ce que j'ai déja remarqué.

Le tremblement de terre, quoique la chose du monde la plus terrible en elle-même, & la plus capable de conduire à une Puissance invisible qui seule tient en sa main les choses de cette nature, le tremblement de terre, dis-je, n'eût pas plûtôt cessé, que l'émotion, la crainte, & generalement toutes les impressions qu'il avoit faites en moi s'évanoüirent : je ne pensai desormais ni à Dieu, ni à ses jugemens : je ne le regardai plus comme le juste dispensateur de mes maux, ni plus, ni moins que si j'eusse été dans la plus douce & la plus fortunée condition de la vie.

Mais dés que je me vis malade, & que la mort accompagnée de toutes ses horreurs se presenta à mes yeux pour la contempler à loisir : quand mes forces commençoient à succomber à la force du mal, que la nature étoit épuisée par la violence de la fiévre ; certes dés lors la Conscience, depuis si long-tems assoupie, se réveilla : je commençai à me reprocher une vie, qui s'étoit signalée par le crime ; qui avoit armé contre moi la Justice Divine ; qui m'en avoit attiré les coups
les

les plus inoüis, & qui me faisoit actuellement gemir sous le poids de sa vengeance.

Ces reflexions m'accablerent dès le second ou le troisiéme jour de ma maladie ; & jointes à la violence de la fiévre, aussi-bien qu'aux reproches de ma conscience, arracherent de ma bouche quelques mots de prieres, qui pour n'être pas accompagnées d'un desir sincere, & d'une esperance vive, méritoient moins le nom de prieres, qu'elles n'étoient effectivement le langage de la frayeur & de l'angoisse. Une confusion de pensées agitoit mon esprit ; la grandeur de mes crimes bourreloit ma conscience ; la peur ou la seule idée de mourir dans un si miserable état me faisoit monter les vapeurs au cerveau ; dans cette détresse de mon ame, ma langue articuloit je ne sçai quoi d'une façon imparfaite & purement machinale, mais ce n'étoit qu'exclamations, comme qui diroit, *Grand Dieu! que je suis miserable; si mon mal continuë, je mourrai faute d'assistance : Mon Dieu! que deviendrai-je?* Aprés ce peu de paroles, un ruisseau de larmes coula der mes yeux, & je tombai dans un long & profond silence.

Dans cet intervalle se presenterent à mon esprit les leçons salutaires de mon pere, & puis la prédiction raportée au commencement de cette Histoire, qui disoit que, si je faisois cette fausse démarche, d'aller courir par le monde, Dieu ne me beniroit pas;

&

& que j'aurois à l'avénir tout le loisir de réfléchir sur le mépris que j'aurois fait de ses conseils, quand peut-être il n'y auroit personne pour m'assister à en réparer la perte. » C'est à présent, *m'écriai-je tout haut*, c'est » à présent que s'accomplissent les paroles de » mon pere : le bras d'un Dieu vengeur m'a » atteint : il n'y a personne pour m'aider ni » pour m'entendre : j'ai rejetté la voix de » la Providence, qui par sa bonté infinie » m'avoit placé dans un état de vie, où je » pouvois être tranquille & heureux, mais » dont je n'ai pas voulu joüir, ni en connoître le prix par la bouche de mes parens : » je les laissai dans un deüil, qui n'avoit d'au- » tre objet que ma folie, mais celui où je » me vois aujourd'hui délaissé, n'est qu'une » suite de cette même folie : je refusai l'aide » de mes parens, lors qu'ils me vouloient » établir dans le monde, & m'y mettre dans » une posture exempte de gêne & d'anxieté, » & maintenant il me faut lutter contre des » obstacles trop rudes, & peu proportion- » nez à la foiblesse de la nature, sans que » j'aye ni assistance, ni consolation, ni con- » seil : » Alors je m'écriai, *Grand Dieu! viens à mon aide, car ma détresse est grande.*

Cette priere, s'il m'est permis de me servir de ce nom, étoit la premiere que j'eusse faite depuis plusieurs années. Mais retournons à nôtre Journal.

Le 28. de Juin. Me sentant un peu soulagé

lagé par le sommeil que j'avois eu, & l'accès étant tout-à-fait fini, je me levai. La frayeur, où m'avoit jetté le songe, ne m'empêcha pas de considerer, que l'accés de fievre me prendroit le jour suivant, & qu'il faloit profiter de ce relâche pour me refaire un peu, & préparer des rafraîchissemens, ausquels je pourois avoir recours lorsque le mal seroit revenu. La premiere chose que je fis, ce fut de verser de l'eau dans une grande bouteille quarrée, & de la mettre sur ma table prés de mon lit : & pour ôter la crudité de l'eau, j'y ajoûtai environ le quart d'une pinte de Rum, mêlant le tout ensemble : ensuite j'allai couper un morceau de viande de bouc, que je grillai sur les charbons, mais je n'en pus manger que fort peu. Je sortis pour me promener, mais je me trouvai foible, triste, & le cœur serré à la vûe de ma pitoyable condition ; redoutant pour le lendemain le retour de mon mal. Le soir je fis mon souper de trois œufs de Tortuë, que je fis cuire dans la braise, & que je mangeai à la coque : & ce fut-là, autant que je m'en puis ressouvenir, le premier morceau pour lequel j'eusse encore demandé à Dieu sa Benediction durant tout le tems de ma vie.

Aprés avoir mangé j'essayai de me promener ; mais je me trouvai si foible, qu'à peine pouvois-je porter mon fusil, sans lequel je ne marchois jamais ; ainsi je n'allai pas

pas loin, je m'aſſis à terre, & me mis à contempler la mer, qui ſe preſentoit devant moi, & qui étoit calme & unie. Dans cette poſture il me vint à peu prés dans l'eſprit les penſées ſuivantes.

» Qu'eſt-ce que la Terre ? qu'eſt-ce que
» la Mer, ſur laquelle j'ai tant vogué ? d'où
» cela a-t'il été produit ? que ſuis-je moi-
» même ? que ſont les autres Créatures hu-
» maines & brutes, privées & ſauvages ?
» quelle eſt nôtre origine ?

» Certainement nous avons tous été faits
» par une Puiſſance ſecrette, qui forma la
» Terre & la Mer, l'Air & les Cieux ; &
» quelle eſt cette Puiſſance ?

Alors j'inferai naturellement, *c'eſt Dieu qui a fait toutes choſes.* Fort bien, dis-je en moi-même ; mais je n'en demeurai pas là, & par une ſuite admirable des antécedens, je continuai de la ſorte : » Si Dieu a fait tou-
» tes choſes, il guide ces mêmes choſes, &
» celles qui les contiennent : car aſſurément
» il faut que la Puiſſance qui les a faites, ait
» le pouvoir de les gouverner & de les di-
» riger.

» Cela étant, rien ne peut arriver dans
» la vaſte enceinte de ſes ouvrages ſans ſa con-
» noiſſance, ou ſans ſon ordre.

» Or, s'il n'arrive rien ſans ſa connoiſſan-
» ce, il ſait que je ſuis ici, & que j'y ſuis dans
» un état affreux, & s'il n'arrive rien ſans
» ſon ordre, il a ordonné que cela m'arrivât.

Rien ne se presentoit à mon esprit qui pût contredire une seule de ces conclusions; c'est pourquoi elles operérent en moi avec toute la force possible, & me convainquirent, que Dieu avoit ordonné que toutes ces choses m'arivassent, que c'étoit par une dispensation de sa Providence que je me voyois réduit à une si extrême misere, parce que seul il avoit en sa puissance non pas seulement moi, mais encore tout ce qui existe, & tout ce qui arrive dans le monde. Incontinent je me fis cette question.

Pourquoi Dieu m'a-t'il fait ces choses? qu'ai-je fait pour être ainsi traité?

Dans cette recherche, je sentis soudain ma conscience se soulever comme si je venois de blasphemer; & il me sembloit entendre une voix qui me faisoit ce reproche; ” Misera-
” ble! tu demandes ce que tu as fait; regar-
” de en arriere pour y contempler le passé,
” & pour te retracer une vie abandonnée au
” desordre; demande plûtôt, qu'est-ce que
” tu n'as point fait? demande pourquoi tu
” n'as pas péri il y a long-tems? d'où vient,
” par exemple, que tu ne te noyas pas dans
” la rade d'Yarmouth? que tu ne fus pas tué
” dans le combat où tu fus pris par le Cor-
” saire de Salé? que tu n'as pas été devoré
” par les bêtes sauvages sur la Côte d'Afri-
” que? & qu'en dernier lieu tu n'as pas
” été enseveli dans les flots comme tout le
” reste de l'Equipage? Après cela oseras-
tu

tu bien encore demander ce que tu as fait ?

Ces reflexions me rendirent muet, & bien loin d'avoir aucune replique pour me juſtifier auprès de moi-même, je me levai tout penſif & mélancolique, je marchai vers ma retraite, & je paſſai par deſſus ma muraille comme pour m'aller coucher : mais je me ſentois l'eſprit dans une grande agitation, & peu diſpoſé à dormir ; ainſi je m'aſſis dans ma chaiſe, & comme il commençoit à faire noir, j'allumai ma lampe, déja l'attente de la fiévre me donnoit de terribles inquiétudes ; & dans ce moment il me vint dans l'eſprit que les Braziliens ne prennent preſque aucune autre Medecine pour quelque ſorte de maladie que ce puiſſe être, que leur tabac ; & je ſavois qu'il y avoit dans un de mes coffres un morceau de rouleau, dont les feüilles étoient mûres pour la plûpart, quoiqu'il y en eût parmi quelques-unes de vertes.

Je me levai de deſſus ma chaiſe, & comme ſi j'euſſe été inſpiré du Ciel, j'allai droit au coffre qui renfermoit la gueriſon de mon corps & de mon ame. J'ouvris le coffre, & j'y trouvai ce que je cherchois, ſavoir le tabac ; & comme le peu de livres, que j'avois conſervez, y étoient auſſi ſerrez, je pris une des Bibles, dont il a été fait mention ci-deſſus, & que je n'avois pas eu juſqu'ici le loiſir, ou plûtôt le deſir d'ouvrir une ſeule fois je la pris, dis-je, & la portai avec le tabac ſur ma table.

Je ne ſavois ni comment employer ce tabac

bac pour ma maladie, ni s'il lui étoit favorable ou contraire, mais j'en fis l'expérience de plusieurs manieres differentes, comme si je n'eusse pû manquer par cette voye de rencontrer la bonne, & de réüssir. Premierement, je pris un morceau de feüille que je mis dans ma bouche; & comme le Tabac étoit vert & fort, & que je n'y étois point accoûtumé, il m'étourdit extraordinairement; secondement j'en fis tremper une autre feüille dans du Rum, pour en prendre une doze une heure ou deux aprés en me couchant : & en troisiéme lieu, j'en grillai sur des charbons ardens, tandis que je tenois mon nés sur la fumée, aussi prés & aussi long-tems que la crainte de me brûler, ou de me suffoquer le pouvoit permettre.

Durant l'intervalle de ces préparatifs, j'ouvris la Bible, & je commençai à lire, mais les fumées du Tabac m'avoient trop ébranlé la tête, pour continuer ma lecture : néanmoins ayant jetté les yeux à l'ouverture du Livre, les premieres paroles qui se presenterent, furent celles-ci : *Invoque-moi au jour de ton affliction, & je te délivrerai, & tu me glorifieras.*

Ces paroles étoient fort propres pour l'état où je me trouvois, & elles firent impression sur mon esprit dans le tems de la lecture : mais le mot de *délivrer* sembloit ne pas me concerner, & n'avoir aucune signification à mon égard : ma délivrance étoit une

chose

chose si éloignée, & même si impossible dans mon imagination, que je commençai à parler le langage des enfans d'Israël, qui disoient, lors qu'on leur promit de la chair à manger, *Dieu pouroit-il dresser une table dans le Desert?* & moi aussi incredule qu'eux, je me mis à dire, *Dieu lui-même pouroit-il me délivrer de cette place?* & comme ce ne fut qu'aprés bien des années qu'il se manifesta quelque sujet d'esperance, aussi ces défiances venoient-elles souvent me maîtriser ; néanmoins les paroles que j'avois lûës me touchoient, & je les méditois trés-souvent. Il se faisoit tard ; & le Tabac, comme j'ai déja dit, m'avoit si fort apesanti la tête, qu'il me prit envie d'aller dormir : je laissai donc brûler ma lampe dans la caverne, de peur que je n'eusse besoin de quelque chose pendant la nuit, ensuite je m'allai coucher : mais auparavant je fis ce que je n'avois fait de mes jours ; je me mis à genoux, je priai Dieu, le supliant d'accomplir la promesse qu'il m'avoit faite, que si je l'invoquois au jour de mon affliction, il me délivreroit. Aprés que cette priere précipitée & imparfaite fut finie, je bus le Rum, dans lequel j'avois infusé le tabac, & qui en étoit si imbû & si fort, que j'eus beaucoup de peine à pouvoir l'avaler : incontinent cette potion me donna brusquement à la tête ; mais je m'endormis d'un si profond sommeil, que quand je me réveillai aprés cela, il ne pouvoit guére être moins de trois heures après midi : je dirai bien plus, c'eſt que je ne ſaurois encore m'ôter de la tête que je dormis tout le lendemain de ma Médecine, toute la nuit d'après, & une partie du jour enſuivant : car autrement je ne comprens pas comment j'aurois pû me trouver court d'un jour dans mon Calendrier ou calcul de jours & de ſemaines, comme il parût quelques années enſuite que je l'étois effectivement.

Quelle que pût être la cauſe de ce mécompte, je me trouvai à mon réveil extrêmement ſoulagé, me ſentant du courage & de la ioye ; quand je me levai, j'avois plus de force que le jour précédent, mon eſtomac s'étoit fortifié, l'apetit m'étoit revenu ; & en un mot, le lendemain point de fiévre du tout, & je continuai dans mon amendement. Ce jour étoit le 23.

Le 30. ſuivant même, le train de la maladie étoit mon bon jour ; ainſi je ſortis avec mon fuſil, mais je ne me ſouciai point de m'éloigner trop. Je tuai une couple d'oiſeaux de mer, aſſez ſemblables à des Oyes ſauvages ; je les portai au logis, mais je ne fus point tenté d'en manger, & me contentai de quelques œufs de Tortuë, qui étoient fort bons. Le ſoir je réïterai la Medecine que je ſupoſois m'avoir fait du bien, j'entens le rum, dans quoi il y avoit du tabac infuſé ; j'uſai pourtant de quelque reſtriction cette fois-ci, c'eſt que la doze fut plus petite

petite que la premiere, que je ne mâchai point de tabac, & que je ne tins point le nés sur la fumée comme auparavant. Quoi qu'il en soit, le lendemain qui étoit *le 1. de Juillet*, je ne fus point aussi-bien que je m'y étois attendu, j'eus quelque espece de frissonnement, mais à la verité ce n'étoit que peu de chose.

Le 2. de Juillet. Je réïterai la Médecine des trois manieres, elle me donna dans la tête, comme il étoit arrivé la premiere fois, & je doublai la quantité de ma portion.

Le 3. de Juillet. La fiévre me quitta pour toûjours, mais il se passa quelques semaines avant que je recouvrasse tout-à-fait mes forces. Cependant je réflechissois extrêmement sur ces paroles de l'Ecriture. *Je te délivrerai*: l'impossibilité de ma délivrance, étoit si profondément gravée dans mon esprit, qu'elle y avoit coupé racine à tout espoir. Mais durant que je me décourageois ainsi par de telles pensées, je fis réflexion que j'avois les yeux si assidument tournez vers ma principale délivrance, que je les détournois de dessus celle que j'avois reçûë. Sur le champ je me pris moi-même à partie, & me formai ces interrogations : ” N'ai-je pas été déli-
” vré d'une maladie dangereuse ? l'état pi-
” toyable où j'étois, la peur terrible que
” j'en avois, l'heureuse issuë qui a terminé
” tout cela, ne sont - ce pas des choses qui
” méritoient mon attention ? Dieu m'a dé-
” livré, mais je ne l'ai pas glorifié : c'est-à-
dire

» dire je n'ai pas reconnu son bienfait ; je ne
» lui ai pas rendu mes actions de graces ?
» avec quel front oserois-je attendre une plus
» grande délivrance ?

Ces reflexions pénétrerent mon cœur ; je me mis incontinent à genoux ; & je remerciai Dieu à haute voix de ma convalescence.

De 14. *de Juillet.* Le matin je pris la Bible, & je commençai au Nouveau Testament. Je m'apliquai sérieusement à cette lecture, & me fis une loi d'y vâquer chaque matin & chaque soir, sans me fixer à un certain nombre de chapitres, mais suivant la situation de mon esprit. Je n'eus pas pratiqué cet exercice pendant long-tems, que je sentis naître en mon cœur un repentir plus profond & plus sincere de ma vie passée : l'impression de mon songe se réveilla, j'étois sensiblement émû du passage conçû en ces paroles, *toutes ces choses ne t'ont point porté à repentance.* C'est cette repentance que je demandois un jour à Dieu avec affection, lorsque par un effet de sa Providence, ayant ouvert l'Ecriture Sainte, je tombai sur ces mots, *il est Prince & Sauveur, il a été élevé pour donner repentance & remission.* A peine eus-je achevé le passage que je posai le livre, & élevant mon cœur aussi-bien que mes mains vers le Ciel, avec une espece d'extase & un transport de joye indicible, je m'écriai tout haut, *Jesus Fils de David, Prince & Sauveur, qui as été élevé, donne-moi la repentance.*

Je

Je puis dire que cette priere fut la premiere de ma vie qui mérita le nom de priere : car elle fut accompagnée d'un vrai sentiment de ma misere, & d'une esperance vive puisée dans la Sainte Ecriture, animée par la Parole de Dieu même : & depuis ce tems-là je ne cessai point d'esperer que Dieu m'exauceroit.

Dés lors le passage compris en ces termes, *Invoque moi, & je te délivrerai*, me parut renfermer un sens, que je n'y avois pas encore trouvé. Car auparavant je n'avois l'idée d'aucune autre délivrance, que d'être affranchi de la captivité où j'étois détenu : je veux dire de l'Isle, qui quoi que ce fut un lieu vaste & étendu, ne laissoit pas d'être pour moi une prison, & même une des plus terribles. Mais aujourd'hui je me vois éclairé d'une lumiere nouvelle ; j'aprens une toute autre interprétation des paroles que j'avois lûës : maintenant je repasse avec horreur sur une méchante vie ; l'image de mes crimes m'inspire l'épouvente ; & je ne demande plus rien à Dieu, sinon qu'il délivre mon Ame d'un poids, sous lequel elle gémit. Quant à ma vie solitaire, elle ne m'afflige plus ; je ne prie pas seulement Dieu de vouloir m'en affranchir, je n'y pense pas, & tous mes autres maux ne me touchent point en comparaison de celui-ci. J'ajoûte cette derniere réflexion, pour insinuer en passant à quiconque lira cet endroit de mon
Ou-

Ouvrage, qu'à prendre les choses dans leur vrai sens, c'est un bien infiniment plus grand de se soustraire au peché, qu'à l'affliction. Mais je n'étendrai pas cette matiere, pour reprendre mon Journal.

Quoique ma condition fut encore la même à parler physiquement, & à en juger par l'extérieur des choses, néanmoins elle étoit devenuë bien plus douce, & bien plus suportable aux yeux de mon esprit. Par une lecture constante des Ecrits sacrez, & par l'usage fréquent de la Priere, mes pensées étoient dirigées vers des objets d'une nature relevée : je sentois en secret des consolations intérieures, qui m'avoient jusqu'alors été inconnuës : & comme ma santé & mes forces s'amendoient tous les jours, je m'employois sans cesse à me pourvoir de tout ce qui me manquoit, & à rendre ma maniere de vivre autant réguliere qu'il se pouvoit.

Du 4. Juillet jusqu'au 14. Mon occupation principale étoit de me promener avec mon fusil à la main : je réïterois souvent la promenade, mais je la faisois courte, comme un homme qui relevoit de maladie, & qui tâchoit peu à peu de se remettre : car il est difficile de comprendre combien j'étois épuisé, & à quel point de foiblesse je me voyois réduit. Le remede dont je me servis, étoit tout-à-fait nouveau, & n'avoit peut-être jamais gueri de fiévre auparavant; aussi l'expérience que j'en fis, n'est pas un
garent

garent suffisant, pour l'oser recommander à qui que ce soit : parce que si d'un côté il emporta la fiévre, de l'autre il contribua extrêmement à m'affoiblir, & il m'en resta pendant quelque tems un ébranlement de nerfs, & de fortes convulsions par tout le corps.

Ces fréquentes promenades m'aprirent à mes dépens une particularité, qui est, qu'il n'y avoit rien de plus pernicieux à la santé, que de se mettre en campagne pendant la saison pluvieuse, & sur tout si la pluye étoit accompagnée d'une tempête ou d'un ouragan. Or, comme la pluye, qui survenoit quelquefois dans la saison seche, ne tomboit jamais sans un orage, aussi trouvois-je qu'elle étoit beaucoup plus dangereuse, & plus à craindre que celle de Septembre ou d'Octobre.

Il y avoit prés de dix mois que j'étois dans cette Isle infortunée : toute possibilité d'en sortir sembloit m'être ôtée pour toûjours ; & je croyois fermement que jamais Créature humaine n'avoit mis le pied dans ce lieu sauvage. Ma demeure se trouvoit, selon moi, suffisamment fortifiée ; j'avois un grand desir de faire une découverte plus complete de l'Isle, & de voir si je ne pourrois point rencontrer des productions, qui m'auroient été cachées jusqu'alors.

Ce fut *le 15. de Juillet*, que je commençai de faire une visite de l'Isle, la plus exacte que j'eusse encore faite. J'allai premierement à la petite Baye, dont j'ai déja fait
men-

mention, & où j'avois abordé avec tous mes radeaux. Je marchai le long de la riviere, & quand j'eus fait environ deux milles en montant, je trouvai que la marée n'alloit pas plus loin, & que ce n'étoit plus là qu'un petit ruisseau coulant, dont l'eau étoit fort douce & fort bonne. Mais comme l'Eté, ou la Saison seche régnoit en ce tems-là, il n'y avoit presque point d'eau en certains endroits, du moins n'en restoit-il pas assez, pour faire un courant un peu considérable & sensible.

Sur les bords de ce ruisseau, je trouvai plusieurs prairies agréables, unies & couvertes d'une belle verdure. En s'éloignant du lit, elles s'élevoient insensiblement : là, où il n'y a pas d'aparence qu'elles fussent jamais inondées, c'est-à-dire prés des côteaux qui les bordoient, je trouvai quantité de Tabac verd, & croissant sur une tige extrêmement haute. Il y avoit plusieurs autres plantes, que je ne connoissois point, & dont je n'avois jamais oüi parler, qui pouvoient renfermer des qualitez occultes.

Je me mis à chercher du Manioc, qui est une Racine dont les Americains font le pain dans tous ces Climats ; mais je n'en pûs point trouver. Je vis de belles plantes d'Aloës, mais je n'en sçavois encore pas l'usage je vis plusieurs cannes de Sucre, mais sauvages, & imparfaites faute de culture. Je me contentai de ces découvertes pour cette

fois ;

fois ; & m'en revins, en considerant à part moi quels moyens je pourrois prendre, pour m'instruire de la vertu des Plantes & des fruits que je découvrirois à l'avenir : mais aprés y avoir bien pensé, je ne formai aucune conclusion. Car sans mentir j'avois été si peu soigneux de faire mes observations, dans le tems que j'étois au Brezil, que je ne connoissois guére les plantes de la Campagne, ou que du moins la connoissance que j'en avois, ne pouvoit pas m'être d'un grand secours dans l'état miserable où j'étois.

Le lendemain, 16. *du Mois*, je repris le même chemin ; & m'étant avancé un peu plus loin que je n'avois fait la veille, je trouvai que le ruisseau & les prairies ne s'étendoient pas plus loin, & que la Campagne commençoit à être plus couverte de bois. Là je trouvai plusieurs sortes de fruits, & particulierement des Melons qui couvroient la terre, des raisins qui pendoient sur les arbres, & dont la grappe riante & pleine étoit prête pour la Vendange. Cette découverte me donna autant de surprise que de joye. Mais je voulus modérer mon apetit, & profiter d'une expérience qui avoit été funeste à d'autres ; car je me ressouvenois d'avoir vû mourir en Barbarie plusieurs de nos esclaves Anglois, qui à force de manger des raisins, avoient gagné la fiévre & la dissenterie. J'eus pourtant le secret d'obvier à des suites si terribles, & de préparer ce fruit d'une d'une maniere excellente, en l'exposant & en le faisant sécher au Soleil après l'avoir coupé, pour le garder comme on le garde en Europe ce qu'on apelle des raisins secs : je me persuadois qu'après l'Automne ce seroit un manger aussi agréable, que sain : & mon esperance ne fut point déçûë.

Je passai là toute la journée ; sur le tard je ne jugeai pas à propos de m'en retourner au logis; & je me déterminai pour la premiere fois de ma vie solitaire à découcher. La nuit étant venuë, je choisis un logement tout semblable à celui, qui m'avoit donné retraite à mon premier abord dans l'Isle : ce fut un arbre bien touffu, sur lequel m'étant placé commodément, je dormis d'un profond sommeil. Le lendemain au matin je procedai à la continuation de ma découverte en marchant prés de quatre milles, & jugeant de la longueur du chemin par celle de la vallée que je parcourois : j'allois droit au Nord, & laissois derriere & à ma droite une enchaînure de monticules.

Au bout de cette marche je me trouvai dans un Païs découvert, qui sembloit porter sa pente à l'Occident : un petit ruisseau d'eau fraîche, qui sortoit d'une colline tout proche, dirigeoit son cours à l'oposite, c'est-à-dire à l'Orient : toute cette Contrée paroissoit si temperée, si verte, si fleurie, qu'on l'auroit prise pour un jardin planté par artifice ; & il étoit aisé de voir qu'il y régnoit un Printems perpetuel.

Je

Je descendis un peu sur la croupe de cette vallée délicieuse : & après je fis une station pour la contempler à loisir. D'abord l'admiration se saisit de mes sens ; elle suspendit quelque tems mes soucis rongeants, pour me faire savourer en secret le plaisir de voir, que tout ce que je voyois étoit mon bien : que j'étois le Seigneur & le Roi absolu de cette Région ; que j'y avois un droit de possession ; & que si j'avois des heritiers, je pourois la leur transmettre aussi incontestablement qu'on feroit un fief en Angleterre. J'y vis uue grande quantité de Cacao, d'Orangers, de Limoniers, & de Citroniers, qui tous étoient sauvages, & dont il n'y en avoit que peu qui portassent du fruit, du moins dans la Saison presente. Neanmoins les Limons verds, que je cueïllis, étoient non seulement agréables à manger, mais encore très sains ; & dans la suite j'en mêlois le jus avec l'eau, qui en recevoit beaucoup de relief, devenant par là, & plus fraîche & plus salutaire.

Je me voyois maintenant assez d'ouvrage sur les bras ; il s'agissoit de cueïllir du fruit & de le transporter ensuite dans mon habitation ; car j'avois résolu d'amasser une provision de raisins, & de citrons pour me servir pendant la saison pluvieuse, que je sçavois bien qui aprochoit.

Pour cét effet je fis trois monceaux ; dont deux étoient de raisins, & l'autre de limons & de citrons mêlez ensemble. Je tirai de chacun une petite portion pour emporter, & avec cela je pris le chemin de la maison, résolu de revenir au plûtôt, & de me munir d'un sac ou de quelqu'autre meuble, tel que je pourrois trouver, pour enlever le reste.

Aprés un voyage de trois jours je me rendis chez moi, c'est ainsi que j'apellerai desormais ma tente & ma caverne. Mais avant que d'y arriver mes raisins s'étoit brisez & écrasez à cause de leur grande maturité & de leur pesanteur, en sorte qu'ils ne valoient plus que peu de chose pour ne pas dire rien du tout. Pour ce qui est des limons ils se trouverent trés-bons, mais il n'y en avoit qu'un petit nombre.

Le jour suivant, qui étoit le 16. je retournai avec deux petis sacs que j'avois faits, pour aller chercher ma récolte. Mais je fus surpris de voir, que mes raisins, que j'avois laissez la veille si appetissans & bien amoncelez, étoient aujourd'hui tous gâtez, tous par morceaux, traînez & dispersez çà & là, & qu'une partie en avoit été rongée & dévorée. De-là je conclus qu'il y avoit dans le voisinage quelques animaux sauvages qui avoient commis ce dégât. Mais de dire quelles sortes d'animaux c'étoient, c'est ce qui passoit ma science.

Enfin voyant qu'il n'y avoit pas moyen de les laisser en un monceau, ni de les em-

emporter dans un sac ; parce que d'un côté ils feroient preffez & exprimez fous leur propre poids, & de l'autre ce feroit les livrer en proye aux bêtes fauvages, je trouvai une troifiéme méthode qui me réüffit. C'eft que je cüeillis un grande quantité de raifins & les fufpendis au bout des branches des arbres pour les fecher & les cuire au Soleil. Mais quant aux limons & aux citrons, j'en emportai au logis tout autant qu'il en faloit, pour plier prefque fous ma charge.

En chemin faifant pour m'en retourner de ce voyage, je contemplois avec admiration la fecondité de cette vallée, les charmes de fa fituation, l'avantage qu'il y auroit de s'y voir à l'abri des orages du vent d'Eft, derriere ces bois & ces côteaux : & je conclus, que l'endroit où j'avois fixé mon habitation étoit fans contredit le plus mauvais de toute l'Ifle. Ainfi je penfai dés-lors à déménager, & à me choifir, s'il étoit poffible, dans ce fejour fertile & agréable, une place auffi forte, que celle que je méditois de quitter.

J'eus long-tems ce projet en tête ; & la beauté du lieu étoit caufe que j'en repaiffois mon imagination avec plaifir. Mais quand je vins à confiderer les chofes de plus prés ; & à refléchir que ma vieille demeure étoit proche de la mer, je trouvai que ce voifinage pourroit donner lieu à quelque évenement favorable pour moi : que la même deftinée qui m'avoit pouffé là où j'étois, pourroit

roit m'y envoyer des compagnons de mon malheur ; & que bien qu'il n'y eût pas beaucoup d'aparence à une telle époque, néanmoins si je venois à me renfermer dans les collines & dans les bois, au centre de l'Isle, ce seroit redoubler mes entraves, & rendre mon affranchissement non-seulement peu probable, mais même impossible ; & que par conséquent je ne devois aucunement changer de demeure.

Mais pourtant j'étois devenu si amoureux d'un si bel endroit, que j'y passai presque tout le reste de Juillet : & quoi qu'après m'être ravisé, j'eusse conclu à ne point changer de domicile, je ne pus cependant m'empêcher de m'y faire une petite Metairie au milieu d'une enceinte assez spacieuse ; laquelle enceinte étoit composée d'une double haye bien palissadée, aussi haute que je pouvois atteindre, & toute remplie en dedans de menu bois. Je couchois quelquefois deux ou trois nuits consecutives dans cette seconde Forteresse, passant & repassant par dessus la haye avec une échelle, comme je faisois dans la premiere : & dés-lors je me regardai comme un homme qui avoit deux maisons, l'une sur la côte pour veiller au commerce & à l'arrivée des Vaisseaux, l'autre à la campagne, pour faire la moisson & la vendange. Les ouvrages & le sejour que je fis dans cette derniere, me tinrent jusqu'au 1. d'Août.

Je

Je ne faisois que de finir mes Fortifications, & de commencer à joüir de mes travaux, quand les pluyes vinrent m'en déloger, & me chasser dans ma première habitation, pour n'en pas sortir si-tôt. Car quoique dans ma nouvelle je me fusse fait une Tente avec une piece de voile, & que je l'eusse fort bien tenduë, comme j'avois déja fait dans la vieille : toutefois je n'étois pas au pied d'un rocher haut & sans pente, qui me servît de boulevard contre le gros tems, ni n'avois pas derriere moi une caverne pour m'y retirer, quand les pluyes étoient extraordinaires.

J'ai déja dit que j'avois achevê ma Metairie au commencement d'Août, & que dés ce tems-là, je commençois à en goûter les douceurs. Je dirai maintenant, pour continuer mon Journal, qu'au troisiéme jour du même mois, je trouvai mes raisins, que j'avois suspendus, parfaitement secs, bien cuits au Soleil, & en un mot excélens, c'est pourquoi je commençai à les ôter de dessus les arbres, & je fus bien avisé de m'y prendre aussitôt ; car autrement les pluyes qui survinrent, les auroient entierement gâtez, & m'auroient fait perdre mes meilleures provisions d'hiver, car j'avois plus de deux cens grappes. Il me falut du tems pour les dépendre, pour les transporter chez moi, & pour les serrer dans ma caverne. Je n'eus pas plûtôt fait toutes ces choses, qu'il commença à pleuvoir, & ces pluyes qui commencerent le 14. d'Août, continuerent jusqu'à la mi-Octobre : il est bien vrai qu'elles se relâchoient quelquefois ; mais aussi elles étoient de tems en tems si violentes, que je ne pouvois point bouger de me caverne durant plusieurs jours.

Dans cette même saison l'accroissement soudain de ma famille me donna bien de la surprise. Il y avoit du tems que j'avois eu le chagrin de perdre un de mes chats qui s'en étoit fuï : depuis je n'avois ouï ni miaulemens : ni nouvelle de cet Animal, & je le croyois mort, lors qu'à mon grand étonnement il vint à mon logis escorté de trois petits, sur la fin du mois d'Août. Il est bien vrai que j'avois tué avec mon fusil une espece d'animal, que j'ai apellé chat sauvage, mais il me paroissoit tout different de ceux que nous avons en Europe, & mes petits chats étoient tout-à-fait semblables aux autres chats domestiques, & à mes deux vieux en particulier, qui n'étant qu'une couple de femelles, ne fournissoient à mon esprit que d'étranges difficultez sur cette multiplication. Mais cette race, qui m'avoit intrigué dès sa naissance, faillit à m'empester dans la suite par une trop feconde posterité, dont je fus bien-tôt si infecté, que je me vis obligé de leur donner la chasse, & même de les exterminer comme une vermine dangereuse, ou comme des bêtes sauvages.

Depuis le 14. *du mois d'Août jusqu'au* 26. il plût sans aucune intermission, tellement que je ne pûs point sortir tout ce tems-là,

j'éj'étois devenu fort soigneux de me garantir de la pluye. Durant cette longue retraite, je commençai à me retrouver un peu court de de vivres ; mais m'étant hazardé deux fois à aller dehors, je tuai à la fin un bouc, & trouvai une tortuë fort grosse qui fut pour moi un grand régal. La maniere dont je réglois mes repas étoit celle-ci : je mangeois une grape de raisin pour mon déjûner ; un morceau de bouc ou de tortuë grillé pour mon dîner ; car par malheur je n'avois aucun vaisseau propre à boüillir ou à étuver quoi que ce soit ; & puis à soupé deux ou trois œufs de tortuë faisoient mon affaire.

Pour me desennuyer, & faire en même-tems quelque chose d'utile dans cette espece de prison, où me confinoit la pluye, je travaillois régulièrement deux ou trois heures par jour, à agrandir ma caverne, & conduisant ma sappe peu à peu vers un des flancs du rocher, je parvins à le percer de part en en part, & à me faire une entrée & une sortie libre derriere mes fortifications. Mais je conçûs d'abord quelque inquiétude de me voir ainsi exposé : car de la maniere dont j'avois ménagé les choses auparavant, je m'étois vû parfaitement bien enclos ; au lieu qu'à present je me voyois en butte au premier aggresseur qui viendroit. Il faut pourtant avoüer que j'aurois de la peine à justifier la crainte qui me vint sur cet article ; & que j'étois trop ingénieux à me tourmenter,

puis-

puisque la plus grosse créature, que j'eusse encore vûë dans l'Isle, étoit un bouc.

Le 30. de Septembre étoit l'anniversaire de mon funeste débarquement. Je calculai les crans marquez sur mon poteau, & je trouvai qu'il y avoit trois cens soixante cinq jours que j'étois à terre. J'observai ce jour comme un jour de jeûne solemnel, le consacrant tout entier à des exercices religieux, me prosternant à terre avec une humilité profonde, confessant mes pechez à Dieu, reconnoissant la justice de ses jugemens sur moi, & implorant enfin sa compassion en vertu de nôtre divin Médiateur. Je m'abstins de toute nouriture pendant douze heures, & jusqu'au Soleil couchant ; après quoi je mangeai un biscuit avec une grappe de raisin ; & terminant la journée avec la même dévotion, avec laquelle je l'avois commencée, je m'allai coucher.

Jusqu'ici je n'avois observé aucun Dimanche, parce que n'ayant au commencement nul sentiment de Religion dans la tête, j'omis au bout de quelque tems de distinguer les semaines en marquant pour le Dimanche un cran plus long que pour les jours ouvriers; ainsi je ne pouvois veritablement plus discerner l'un de l'autre. Mais quand j'eus une fois calculé les jours par le nombre des crans, comme je le viens de dire, je reconnus que j'avois été dans l'Isle pendant un an. Je divisai cet an en semaines, & je pris le septiéme de chacune pour mon Dimanche ; il est pourtant vrai qu'à la fin de mon calcul, je trouvai un ou deux jours de mécompte.

Peu de tems après ceci, je m'aperçûs que mon encre me manqueroit bien-tôt ; c'est pourquoi je fus obligé de la ménager extrêmement, me contentant d'écrire les circonstances les plus remarquables de ma vie, sans faire un détail journalier des autres choses.

Je m'apercevois déja de la régularité des saisons ; je ne me laissois plus surprendre, ni par la pluvieuse, ni par la seche ; & je savois me pourvoir & pour l'une & pour l'autre. Mais avant d'acquerir une telle expérience, j'avois été obligé d'en faire les frais : & l'essai que je vais raporter, étoit un des plus chers, auxquels j'en fusse venu. J'ai dit ci-dessus, que j'avois conservé le peu d'Orge & de Ris, qui avoit crû d'une maniere inattenduë, & où je m'imaginois trouver du miracle ; il pouvoit bien y avoir trente épics de ris, & vingt d'orge : Or je croyois que c'étoit maintenant le tems propre à semer ces grains, parce que les pluyes étoient passées, & que le Soleil étoit parvenu au midi de la Ligne.

Conformément à ce dessein, je cultivai une piéce de terre le mieux qu'il me fut possible avec une pêle de bois, & après l'avoir partagée en deux parts, je semai mon grain. Mais tandis que j'étois à semer, il me vint en pensée que je ferois bien de ne pas tout employer cette premiere fois, parce que je ne sçavois quelle Saison étoit la plus propre pour les semailles: c'est pourquoi je risquai environ les deux tiers de mon grain, réservant à peu prés une poignée de chaque sorte.

Je me sçûs bon gré dans la suite de m'y être pris avec cette précaution. De tout ce que j'avois semé, il n'y en eut pas un seul grain, qui crût à un point de maturité, parce qu'aux mois suivans, qui composoient la Saison seche, la terre n'ayant eu aucune pluye, aprés avoir reçû la semence, elle manquoit aussi de l'humidité nécessaire pour la faire germer, & ne produisit rien du tout, jusqu'à ce que la Saison pluvieuse étant revenuë, elle poussa de foibles tiges qui déperirent.

Voyant que ma premiere Semence ne croissoit point, & devinant aisément qu'il n'en faloit pas chercher autre cause que la secheresse, je cherchai un autre champ pour faire un autre essai. Je foüis donc une piéce de terre prés de ma nouvelle Metairie, & je semai le reste de mon grain en Fevrier, un peu avant l'Equinoxe du Printems. Cette semence ayant les mois de Mars & d'Avril, pour l'humecter poussa fort heureusement, & fournit la plus belle récolte, que je pusse attendre: mais comme cette seconde semaille n'étoit qu'un reste de la premiere, & que ne l'osant toute risquer, j'en avois épargné pour une troisiéme, elle ne donna enfin qu'une petite moisson, laquelle pouvoit en tout monter à deux picotins, l'un de ris, l'autre d'orge.

Mais

Mais l'expérience que je venois de faire, me rendit maître consommé dans cette affaire, m'aprenant précisément quand il faloit semer : & qu'aussi je ne pouvois faire deux semailles & recueïllir deux moissons.

Pendant que mon blé croissoit, je fis une découverte, dont je sçus bien profiter aprés cela. Dés que les pluyes furent passées, & que le tems commença à se mettre au beau, ce qui arriva environ le mois de Novembre, j'allai faire un tour à ma maison de campagne, où, aprés une absence de quelques mois, je trouvai les choses dans le même état, où je les avois laissées, & même en quelque façon ameliorées. Le cercle ou la double haye que j'avois formée, étoit non-seulement ferme & entiere; mais encore les pieux, que j'avois fait avec des branches d'arbres que j'avois coupées là autour, avoient tous poussé, & produit de longues branches, comme auroient pû faire des Saules, qui repoussent generalement la premiere année aprés qu'on les a élaguez depuis la cime du tronc. Mais je ne vous sçaurois dire comment apeller ces arbres, dont les branches m'avoient servi de pieux. J'étois bien étonné & bien-aise en même-tems de voir croître ces jeunes plantes; je les taillai & les cultivai de façon, qu'elles pussent toutes venir à un même niveau, s'il étoit possible. Vous ne sçauriez croire, combien elles prospererent, ni la belle figure qu'elles faisoient au bout de trois ans : puis qu'encore que mon enceinte eût environ vingt cinq vergées de Diamétre, néanmoins elles le couvrirent bien-tôt toute entiere ; & firent enfin une ombrage si épaisse, qu'on auroit pû loger dessous durant toute la Saison seche.

Ceci me fit résoudre à couper encore d'autres pieux de la même espece, & d'en faire une haye en forme de demi-cercle, pour enfermer ma muraille. J'entens celle de ma premiere demeure : & c'est aussi ce que j'exécutai. Car ayant planté un double rang de ces pieux, qui devenoient des arbres à la distance d'environ huit vergées de ma vieille palissade, ils crûrent bien vîte, & servirent premierement de couverture pour mon habitation, & dans la suite même de rempart & de défense, comme je le raconterai en son lieu.

Je trouvois dés-lors qu'on pouvoit en géneral diviser les Saisons de l'année, non pas en Eté & en Hyver, comme on fait en Europe ; mais en tems de pluye & en tems de secheresse, qui se succedant alternativement deux fois l'un à l'autre ; occupent ordinairement les Mois de l'année selon l'ordre suivant.

La moitié de Fevrier. Mars La moitié d'Avril.	Tems de pluye, le Soleil étant ou dans l'Equinoxe, ou bien proche.
La moitié d'Avril. Mai. Juin. Juillet. La moitié d'Août.	Tems sec, le Soleil étant alors au Nord de la Ligne.

La

La moitié d'Août. Septembre. La moitié d'Octobre.	Tems de playe, le Soleil étant retourné au voisinage de l'Equinoxe.
La moitié d'Octobre. Novembre. Decembre. Janvier. La moitié de Février.	Tems sec, le Soleil étant au Sud de la Ligne.

Voilà le train ordinaire des Saisons, quoiqu'à la verité il souffrit quelques alterations de tems en tems ; parce que la pluye duroit plus ou moins long-tems, selon la qualité ou la violence des vents qui souffloient. J'ai déja dit que j'avois apris à mes dépens, combien les pluyes étoient contraires à la santé ; & c'est à cause de cela que je faisois toutes mes provisions par avance, crainte d'être obligé d'aller dehors pendant les mois pluvieux. Mais il ne faut pas s'imaginer que je fus oisif dans ma retraite. J'y trouvois assez d'occupations ; & je manquois encore d'une infinité de choses, dont je ne pouvois me pourvoir que par un travail rude, & une aplication continuelle. Par exemple je me voulus fabriquer un panier ; je m'y pris de plusieurs manieres ; mais toûjours les verges que j'employois pour cela, étoient si ailées à casser, que je n'en pouvois rien faire. J'eus lieu dans cette conjoncture de me sçavoir bon gré, de ce qu'étant encore petit garçon, je m'étois fait un plaisir sensible de fréquenter la boutique d'un Vannier, qui travailloit dans la Ville où mon père faisoit son domicile ; & de lui voir faire ses ouvrages d'ozier ; semblable à la plûpart des enfans, je lui rendois volontiers de petits services ; je remarquois soigneusement la maniere dont il travailloit, je mettois quelquefois la main à l'œuvre ; & enfin j'avois acquis une pleine connoissance de la méthode ordinaire de cet Art. Il ne manquoit plus que des materiaux, lors qu'il me vint dans l'esprit, que les menuës branches de l'arbre, sur lequel j'avois coupé mes pieux qui avoient poussé, pouroient bien être aussi flexibles que celles du Saule, ou de l'Ozier d'Angleterre ; & je résolus de l'essayer.

Dans ce dessein je m'en allai le lendemain à ma maison de campagne, & ayant coupé quelques verges de l'arbre dont je viens de parler, je les trouvai aussi propres que je les pouvois souhaiter, pour ce que je voulois faire. Ainsi j'y retournai bien-tôt aprés avec une hâche, pour couper une grande quantité de ces menuës branches ; ce que je n'eus point de peine à faire, parce que l'arbre qui les produisoit, étoit fort commun dans ce Canton. Je les plaçai & les étendis dans mon enclos pour les secher : & dès qu'elles furent propres à mettre en œuvre ; je les portai dans ma caverne, où je m'employai pendant la Saison suivante à faire, aussi-bien que je pouvois, un bon nombre de paniers ; soit pour transporter

porter de la terre ou autre chose, soit pour serrer du fruit, ou pour d'autres usages : & quoique je ne les achevasse pas dans la dernière perfection, ils étoient pourtant d'assez bon service pour ce à quoi je les destinois. J'eus soin depuis ce tems-là de ne m'en laisser jamais manquer, & à mesure que les vieux dépérissoient, j'en faisois de nouveaux. Je m'attachai sur tout à faire quelques paniers forts & profonds pour serrer mon blé, au lieu de le mettre dans des sacs, quand il me viendroit une grosse récolte.

Quand je fus venu à bout de cette difficulté, & que j'y eus consumé un tems extraordinaire, je mis en mouvement les ressorts de mon imagination, pour voir s'il ne seroit pas possible de supléer au besoin extrême que j'avois de deux choses. Premierement je manquois de vaisseaux propres à contenir des choses liquides ; n'ayant que deux petits barils, dans lesquels il y avoit encore actuellement beaucoup de Rum; ajoûtez à cela quelques bouteilles de verre médiocrement grandes, les unes quarrées, les autres rondes, dans quoi il y avoit de l'Eau-de-vie ou autres liqueurs. Je n'avois pas seulement un pot à faire cuire quoique ce soit, excepté une grosse marmite que j'avois sauvée du Vaisseau, mais qui à raison de sa grandeur, n'étoit point propre pour usages, qui auroient été d'y faire un peu de boüillon, & d'y étuver quelquefois un petit morceau de viande tout seul : la

Q 4   seconde

seconde chose que j'aurois bien voulu avoir, c'étoit une pipe à fumer du tabac ; mais cela me parut impossible pendant quelque-tems; quoi qu'à la fin je trouvai une invention fort bonne pour y supléer.

Je m'employois tantôt à planter mon second rang de palissades, tantôt à faire des ouvrages d'Ozier ; & j'allois ainsi passant mon Eté, lors qu'une autre affaire vint me prendre une partie d'un tems, qui m'étoit trés précieux. J'ai touché ci-dessus que j'avois un grand desir de parcourir toute l'Isle; que je m'étois avancé jusqu'à la source du ruisseau, & que de-là j'avois poussé jusqu'au lieu, où étoit située ma Metairie ; & d'où rien ne s'oposoit à la vûë jusqu'à l'autre côté de l'Isle, & au rivage de la mer. Je voulus traverser jusques-là. Pour cet effet je pris mon fusil, une hâche, & mon chien, avec cela une quantité plus qu'ordinaire de plomb & de poudre, & deux ou trois grappes de raisins, que je mis dans mon sac, & je me mis en chemin. Quand j'eus traversé toute la vallée, dont j'ai déja parlé, je découvris la mer à l'Oüest, & comme il faisoit un tems fort clair, je vis distinctement la terre ; je ne pouvois dire si c'étoit une Isle, ou un Continent ; mais je voyois qu'elle étoit trés haute, s'étendant de l'Oüest à l'Oüest-Sud-Oüest ; & ne pouvant pas être éloignée de moins de quinze lieuës.

Tout ce que je pouvois sçavoir de la situation de cette Terre, c'est qu'elle étoit dans l'Amerique : & suivant toutes les estimes que j'avois pû faire, elle devoit confiner avec les Pays Espagnols, pouvant être toute habitée par des Sauvages ; qui, si j'y eusse abordé, m'auroient sans doute fait subir un sort plus dur, que n'étoit le mien. C'est pourquoi j'aquiesçai aisément aux dispositions de la Providence, que je reconnoissois & croyois déja regler toutes choses pour le mieux. Cette découverte ne donna nulle atteinte à mon repos ; & je me donnai bien garde de me tourmenter l'esprit par des souhaits impuissans.

Outre cela, quand j'eus mûrement consideré la chose, je trouvai que si cette Côte faisoit une partie des Conquêtes Espagnoles, je verrois infailliblement passer & repasser de tems à autre quelques Vaisseaux ; que si au contraire je n'en voyois jamais un seul, il faloit que ce fut la Côte qui separe la Nouvelle Espagne du Brezil : & qui est une retraite de Sauvages, mais des plus cruels, puis qu'ils sont Anthropophages, ou mangeurs d'hommes, & qu'ils ne manquent point de massacrer & de devorer tous ceux qui tombent entre leurs mains.

J'avançois tout à loisir en faisant ces réflexions. Ce côté de l'Isle me parût tout different du mien : les Païsages en étoient beaux, les champs ou les plaines toutes verdoyantes, & émaillées de fleurs, les bois
hauts

hauts & touffus. Je vis quantité de Perroquets; & j'aurois bien voulu en attraper un, pour l'aprivoiser, & pour lui aprendre à parler. Je me donnai bien du mouvement pour cela, & à la fin j'en attrapai un jeune, que j'abbatis d'un coup de bâton; mais l'aïant relevé d'abord, j'eus soin de le mettre dans mon sein, & à force de le dorloter, je le remis & le fortifiai si-bien que je l'emportai chez moi. Il se passa quelques années avant que je le pusse faire parler: mais enfin je lui apris à m'apeller par mon nom d'une façon tout-à-fait familiere: il arriva dans la suite un accident, qui n'est au fond qu'une bagatelle, mais qui ne laissera pas de divertir le Lecteur, & que je raporterai en sa place.

Ce voyage me donna beaucoup de plaisir, je trouvai dans les lieux bas des animaux que je prenois les uns pour des Lievres, les autres pour des Renards, mais ils avoient quelque chose de bien different de tous ceux que j'avois vûs jusqu'alors; & quoi que j'en tuasse plusieurs, je ne succombai point à la tentation d'en vouloir manger: aussi n'avois-je pas lieu de rien risquer du côté du manger: puisque j'en avois à foison, & d'une grande bonté; nommément ces trois sortes, des boucs, des pigeons, & des tortuës: à quoi si l'on ajoûte mes raisins, je défie tous les marchez de *Leaden-Hall* de mieux fournir une table, que je le pouvois faire, à proportion de la compagnie. Et si d'un côté mon état étoit
assez

assez déplorable, je devois de l'autre m'estimer fort heureux, de ce que bien loin d'être réduit à la disette & à la nécessité de jeûner, je joüissois d'une parfaite abondance assaisonnée de délicatesse.

Durant ce voyage je ne faisois jamais plus de deux milles ou environ par jour, à prendre par le plus court ; mais je faisois tant de tours & de détours, pour voir si je ne ferois point quelque belle découverte, que j'étois suffisamment las & fatigué, toutes les fois que j'arrivois au lieu, où je voulois choisir mon gîte pour toute la nuit : & alors je m'allois nicher sur un arbre, ou bien je me logeois entre deux arbres, plantant un rang de pieux à chacun de mes côtez, pour me servir de barricades, ou du moins pour empêcher que les bêtes sauvages ne pussent venir sur moi, sans auparavant m'éveiller.

Dés que je fus venu au bord de la mer, mon admiration augmenta pour ce côté de l'Isle ; tout ce qui se presentoit à ma vûë me confirmoit dans l'opinion où j'étois déja, que le plus mauvais lot m'étoit échû en partage. Le rivage que j'habitois, ne m'avoit fourni que ces trois Tortuës en un an & demi de tems; au lieu que j'étois à compter en étoit couvert d'un nombre innombrable : tout y fourmilloit d'oiseaux de plusieurs sortes ; dont les uns m'étoient connus de vûë, les autres inconnus ; la plûpart trés-bons à manger ; sans toutefois que j'en puisse dire le nom, excepté té ceux qu'on apelle dans l'Amerique *Pinguins*

J'en aurois pû tuer autant que j'aurois voulu, mais j'étois chiche de ma poudre & de mon plomb; & je souhaitois plûtôt de tuer une chévre s'il étoit possible, parce qu'il y avoit beaucoup plus à manger. Mais quoique cette partie de la Côte fut beaucoup plus abondante en boucs, que celle où j'habitois, néanmoins il étoit bien plus difficile de les aprocher, parce que ce Canton étant plat & uni, ils pouvoient m'apercevoir bien plus aisément, que lorsque j'étois sur les rochers & sur les collines.

Toute charmante que fut cette Contrée, je ne sentois cependant pas la moindre inclination à changer d'habitation: j'étois accoûtumé à celle, où je m'étois fixé dés le commencement; j'y avois une attache naturelle; & dans ce tems même auquel j'admirois mes belles découvertes, il me sembloit que je fusse éloigné de chez moi, & dans un païs étranger. Enfin je pris ma route le long de la Côte, tirant à l'Est, & je crois que je parcourus bien environ douze milles: alors je plantai une grande perche sur le rivage pour me servir de marque, & conclus de m'en retourner au logis; mais que la premiere fois que je me mettrois en chemin, pour faire un autre voyage, je prendrois à l'Est de mon domicile, & qu'ainsi je ferois le tour jusqu'à ce que je parvinsse à ma marque.

Je pris pour m'en retourner un autre chemin

min que celui par où j'étois venu ; croyant que je pourois aisément avoir l'aspect de toute l'Isle & que je ne pourois pas manquer en jettant la vûë çà & là, de trouver mon ancienne demeure. Mais je me trompois dans ce raisonnement ; car quand je me fus avancé l'espace de deux ou trois milles dans le Païs, je me trouvai dans une vallée spacieuse, mais environnée de collines, tellement couvertes de bois, que je ne pouvois à nulle enseigne deviner mon chemin ; à moins que ce n'eût été au cours du Soleil ; encore auroit-il fallu pour cela, que je sçusse la position de cet Astre, ou l'heure du jour.

Il arriva pour surcroit d'infortune qu'il fit un tems sombre durant trois ou quatre jours, que je sejournai dans cette vallée ; comme je ne pouvois point voir le Soleil tout ce tems-là, j'eus le déplaisir d'y être errant & vagabond & de me voir enfin obligé de gagner le bord de la mer, où je cherchai ma perche, & d'enfiler le même chemin que j'avois déja fait. Ainsi je m'en retournai au logis à petites journées, suportant & le poids de la chaleur qui étoit excessive, & celui de mon fusil, de ma munition, de ma hache, & d'autres provisions.

Mon chien dans cette Caravane surprit un jeune chevreau & le saisit : j'accourus d'abord, & fus assez diligent pour sauver ce petit animal de la gueule du chien, & de le prendre tout envie. Je souhaitois passionnément

nément de le transporter au logis s'il étoit possible : car j'avois souvent ruminé s'il n'y auroit pas moyen de prendre une couple de ces jeunes animaux, & de les nourir, pour former un troupeau de boucs privez, lequel au défaut de ma poudre & de plomb pourroit un jour subvenir à ma nouriture.

Je fis un collier pour cette petite bête, que je lui mis autour du col : & avec une corde que j'y attachai, je le menois à ma suite; ce ne fut pas sans peine que je m'en fis suivre jusqu'à ma Metairie. Mais quand j'y fus arrivé, je l'y enfermai, & la laissai-là ; car il me tardoit bien d'être de retour, & de me revoir chez moi après un mois d'absence.

On ne sçauroit croire quelle satisfaction ce fut pour moi, de revoir mon ancien foyer, & de reposer mes os dans mon lit suspendu. Le voyage que je venois de faire sans tenir de route certaine pendant le jour, sans avoir de retraite assurée pour la nuit, m'avoit si fort lassé sur sa fin, que ma vieille maison me paroissoit après cela comme un établissement parfait, où rien ne manquoit. Tout ce qui étoit autour de moi m'enchantoit, & je résolus de ne jamais plus m'éloigner pour un tems considérable, tandis que ma destinée me retiendroit dans l'Isle.

Je gardai la maison pendant une semaine pour goûter les douceurs du repos, & pour me refaire de mon long voyage. Cependant une affaire de grande conséquence m'occupoit

poit sérieusement ; c'étoit une cage que je faisois pour mon Perroquet ; il commençoit déja à être de la famille, & nous nous connoissions parfaitement lui & moi. Ensuite je pensai au pauvre chevreau, que j'avois renfermé dans l'enceinte de ma Metairie ; & je trouvai bon de l'aller querir, ou du moins de lui porter à manger. Quand il eut mangé, je l'attachai comme la premiere fois, & je me mis à l'emmener. La faim qu'il avoit soufferte, l'avoit si fort matté, & rendu si souple, qu'il me suivoit comme un chien ; & j'aurois bien pû me dispenser de le tenir attaché. J'en pris un soin particulier, ne cessant de lui donner à manger, & de le caresser tous les jours. En peu de tems il devint si familier, si gentil, si caressant, qu'il ne voulut jamais me quitter depuis, & fut aggregé au nombre de mes autres domestiques.

La Saison pluvieuse de l'Equinoxe d'Automne étoit revenuë : *le 30. de Septembre*, étant l'Anniversaire de mon abord dans l'Isle où j'étois depuis deux ans, & d'où je n'avois pas plus d'esperance de pouvoir sortir que le premier jour que j'y avois passé, je l'observai d'une maniere aussi solemnelle, que je l'avois fait l'année précedente. Je m'occupai tout le jour à m'humilier devant Dieu, & à reconnoître sa Misericorde infinie, qui vouloit bien donner à ma vie solitaire des adoucissemens, sans lesquels elle m'auroit été insuportable. Je remerciois humblement &

de

de bon cœur sa Divine Providence de s'être manifestée à moi : & de m'avoir fait connoître que dans cette solitude je pouvois être heureux, & même plus heureux que dans une vie libre, où j'aurois à souhait les plaisirs du monde & de la societé ; de ce qu'il me dédommageoit abondamment des maux que je souffrois, & qu'il supléoit aux biens qui me manquoient, par la presence, & par la communication de sa Grace, m'assistant, me consolant, m'encourageant à attendre sa protection pour la vie presente, & une félicité sans bornes, pour celle qui est à venir.

C'est alors que je reconnus plus sensiblement que je n'avois encore fait, que la vie que je menois étoit avec toutes ses facheuses circonstances plus heureuse, que non pas celle que j'avois menée pendant tout le cours de ma vie passée, durant laquelle je m'étois abandonné à toutes sortes de méchancetez, & d'abominations. Mes chagrins & ma joye commençoient à changer d'objets : je concevois d'autres desirs, & d'autres affections : je faisois mes délices de choses toutes nouvelles, & differentes de celles, qui m'auroient charmé au commencement de mon sejour dans l'Isle, pour ne pas dire depuis tout le tems que j'y étois.

Ci-devant, quand j'allois chasser, ou visiter la campagne, j'étois sujet à tomber dans des angoisses à la vûë de ma condition, & à

me

me pâmer subitement de douleur, lorsque je considérois les forêts, les montagnes, & les deserts, où sans compagnon, & sans ressource je me voyois renfermé par les barrieres éternelles de l'Ocean. Ces pensées me surprenoient souvent au milieu de mon plus grand calme : comme un orage elles me jettoient dans le trouble & le desordre ; me faisoient entrelasser mes mains l'une dans l'autre, & pleurer comme un enfant. Quelquefois ces mouvemens me prenoient au milieu de mon travail : alors je m'asseyois tout aussi-tôt, soupirant amerement, les yeux attachez à terre durant deux ou trois heures de suite. Et cela empiroit ma condition, car si j'avois pû lâcher la bonde à mes larmes, & exhaler ma douleur en paroles & en plaintes, j'aurois soulagé la nature en la déchargeant par là d'un pesant fardeau.

Mais à cette heure mon esprit se repaissoit d'autres choses : la Parole de Dieu avoit part à mes occupations journalieres : & de cette source émanoient toutes les consolations dont mon état present avoit besoin. Un matin que j'étois fort triste, je pris la Bible & à l'ouverture du livre je lus ces paroles : *Non, non, je ne te délaisserai ni ne t'abandonnerai jamais* : il me sembla d'abord que ces paroles s'adressoient à moi ; & je ne voyois pas autrement que de telles paroles pussent être tirées d'un tas immense à point nommé dans le tems que je déplorois mon sort.

fort, comme une personne abandonnée de Dieu & des hommes. » Eh bien, *dis-je alors*, » si Dieu ne me délaisse point, que m'impor- » te-il que tout le monde me délaisse ou non? » puisque d'un autre côté si je possedois tout » le monde & que je vinsse à perdre la faveur » & la grace de Dieu, mon gain, helas! se- roit un néant, & ma perte irréparable.

Dès ce moment-là je conclus en moi-même, qu'il étoit possible que je vécusse plus heureux dans cet état de solitude, que je ne ferois probablement dans le commerce du monde, & dans quelque profession que ce pût être. Dans la chaleur de cette reflexion j'allois me disposer à rendre graces à Dieu, comme d'un bienfait singulier, de m'avoir bien voulu amener en un tel lieu.

Mais je ne sçai qu'elle puissance secrette vint heurter ma conscience, qui me retint, & m'ôta la hardiesse de proferer les paroles que j'avois préméditées, pour me mettre dans la bouche cette apostrophe, que je me fis à moi-même à haute voix; » Quoi donc? » serois-je assez hypocrite pour prétendre » remercier Dieu d'une chose à laquelle je » puis tout au plus me soumettre & me rési- » gner, mais dont je le prierois volontiers de » vouloir bien me délivrer. Il faut donc cor- » riger un mouvement peu reglé, & ramener » la chose à un juste milieu : je ne puis pas té- » moigner de la reconnoissance d'être ici, il » est vrai ; mais je puis rendre mes trés-hum-

bles

» bles actions de graces à la Providence, de ce
» qu'il lui a plû m'ouvrir les yeux par la voye
» des afflictions, pour me découvrir la turpi-
» tude de ma vie passée, pour me faire détester
» ma méchanceté, & pour me conduire dans
» les sentiers de la pénitence. « Je n'ouvrois,
ni ne fermois jamais la Bible, que je ne benisse
ardemment le Ciel d'avoir autrefois inspiré à
mon ami, qui étoit en Angleterre, & à qui
je n'en avois rien mandé, d'empacqueter ce
saint Livre dans mes marchandises : & de ce
que depuis j'avois eu le bonheur de le sauver
du Naufrage.

J'étois dans cette disposition d'esprit, quand
je commençai ma troisiéme année, & quoique je n'importune pas le Lecteur pour donner une relation aussi exacte de mes travaux
durant cette année, que de ceux de la premiere, néanmoins il faut observer en général,
que je fus rarement oisif : mais que je partageois mon tems en autant de parties, que je
m'étois obligé de vaquer à de differentes fonctions ; telles étoient premierement le service
de Dieu, & la lecture de l'Ecriture Sainte, à
laquelle je vaquois réguliérement, & quelquefois trois fois par jour. Secondement les
courses que je faisois avec mon fusil, pour
tuer dequoi manger, lesquelles duroient ordinairement trois heures lors qu'il ne pleuvoit pas. En troisiéme lieu, les soins qu'il
faloit que je me donnasse pour aprêter, pour
cuire ce que j'avois tué, ou bien pour le con-

server & en faire provision, ce qui m'occupoit une bonne partie de la journée. Outre cela il faut remarquer, que pendant tout le tems que le Soleil étoit dans son Apogée ou dans le voisinage de ce point, les chaleurs étoient si excessives, qu'il n'étoit pas praticable de sortir; ainsi on doit supposer que je ne pouvois pas avoir plus de trois ou quatre heures l'aprés-dîner; avec cette exception cependant, que quelquefois je changeois mes heures de chasser avec celles de travailler, ainsi je travaillois le matin, & allois dehors avec mon fusil sur le tard.

A cette briéveté du tems destiné pour le travail, je vous prie d'ajoûter la difficulté énorme de mon travail, & les heures que le manquement d'outils, de commoditez, d'habileté, m'obligeoit souvent de retrancher de mes autres occupations pour faire la moindre chose. Je vous dirai pour preuve de cela, que je mis quarante-deux jours complets à me fabriquer une planche pour me servir de tablette dans ma caverne; au lieu que deux Scieurs avec leurs outils & un attelier convenable en auroient fait six d'un seul tronc, & en une journée.

Voici, par exemple, comment je m'y prenois. J'allois dans le bois me choisir un gros arbre, parce que la planche devoit être large. J'étois trois jours à couper cet arbre par le pied, & deux autres à l'ébranler, & à le réduire à une piece de martein. A force de de hacher, de trancher, & de charpenter, j'en réduisois les deux côtez en coupeaux, jusqu'à ce que je l'eusse rendu assez leger pour le manier aisément. Alors je l'aplatissois & l'aplanissois d'un bout à l'autre. J'en faisois autant des deux côtez jusqu'à ne lui laisser que trois pouces d'épaisseur. Il n'y a personne qui ne convienne avec moi, qu'un tel ouvrage devoit être un rude exercice pour mes mains, mais le travail & la patience m'en firent venir à bout comme de bien d'autres choses. J'ai seulement été bien aise de vous mettre devant les yeux cette particularité, pour montrer en même-tems la raison, pourquoi tant de tems se consumoit en de si petites choses ; & qu'en effet tel ouvrage n'est qu'une bagatelle & qu'un jeu, quand on a de l'assistance & des outils, qui sans ces deux choses requereroit un tems & un travail infini.

Mais je le répéterai encore une fois, le travail & la patience réparoient toutes les bréches, supléoient à tous mes besoins, & me fournissoient copieusement tout ce qui m'étoit nécessaire dans la condition où je me trouvois. C'est ce qui paroîtra clairement dans la suite du discours.

Le mois de Novembre étant venu, j'attendois ma récolte d'Orge & de Ris. La terre que j'avois fossoyée & cultivée pour recevoir ces grains, n'étoit pas grande : la quantité que j'avois semée de chaque espece ne montoit pas, comme j'ai déja remarqué,

à

à plus d'un demi picotin, parce que j'avois perdu le fruit d'une saison, pour avoir semé pendant la secheresse. Mais pour le present je me promettois une bonne récolte, lorsque je m'aperçûs tout d'un coup que je serois en danger de tout perdre ; & de me le voir enlever par des ennemis de plusieurs sortes, dont il n'étoit presque pas possible de défendre mon champ. Les premieres hostilitez furent commises par les Boucs, & ces autres animaux, ausquels j'ai donné ci-dessus le nom de Liévres, qui tous ayant une fois goûté la saveur du blé en herbe, y demeuroient campez nuit & jour, le mangeant à mesure qu'il poussoit, & cela si prés du pied, qu'il étoit impossible qu'il eût le tems de se former en épics.

Je ne vis point d'autre remede à ce mal, que de fermer mon blé d'une haye qui régnât tout à l'entour. Je le fis avec beaucoup de peine & de sueur ; d'autant plus que la chose étoit pressée, & demandoit beaucoup de diligence. Cependant comme la terre labourée étoit proportionnée à la semence que j'y avois mise, & par conséquent de petite étenduë, je l'eus close & hors d'insulte dans environ trois semaines de tems. Et pour mieux donner la chasse à ces maraudeurs, j'en tirois quelques-uns pendant le jour ; & leur oposois mon chien pendant la nuit, en le laissant attaché à un poteau justement à l'entree de l'enclos, d'où il s'élançoit çà & là, & leur aboyoit
conti-

continuellement de toutes ses forces. De cette maniere les ennemis furent obligez d'abandonner la place, & bien-tôt je vis mon blé croître, prosperer, & meurir à vûë d'œil.

Mais si les bêtes fauves avoient fait du dégât dans ma moisson, dés qu'elle avoit été en herbe, les oiseaux la menaçoient d'une ruïne entiere, maintenant qu'elle paroissoit couronnée d'épics. Car me promenant un jour le long de la haye pour voir comment mon blé s'avançoit, je vis que sa place étoit entourée d'une multitude d'oiseaux de je ne sçai combien de sortes, lesquels demeuroient aux aguets, & n'attendoient pour faire la picorée, que le moment auquel je serois parti. Je fis une décharge sur eux, car je n'allois jamais sans mon fusil. Dès que le coup fut tiré, vous auriez vû s'élever dans l'air une épaisse nuée d'oiseaux que je n'avois point remarqué, & qui s'étoient tenus cachez au fond du blé.

Ce spectacle fut pour moi bien douloureux; car il me présageoit la dissipation de mes esperances; la disette où j'allois tomber; la perte totale de ma récolte; & ce qu'il y avoit de pis, c'est qu'en prévoyant ce malheur, je ne savois pas encore comment le prevenir. Toutefois je résolus de ne rien oublier pour sauver mon grain; & de faire même sentinelle nuit & jour, s'il en étoit besoin. Avant toutes choses, je me portai sur les lieux pour voir le dommage, qui m'avoit été fait. Ces

harpies

harpies avoient à la verité fait du dégât, mais non pas aussi considérablement que je m'y étois attendu, la verdeur des épics avoit temperé leur avidité, & si je pouvois sauver les restes, ils me promettoient encore une bonne & abondante moisson.

Je restai là quelques momens pour recharger mon fusil, après quoi me retirant un peu à l'écart, rien n'étoit plus aisé que de voir mes voleurs postez en embuscade sur tous les arbres d'alentour, comme s'ils n'épioient pour faire leur irruption, que l'heure de mon départ. L'évenement ne me permit point d'en douter : je m'éloignai de quelques pas, comme pour m'en aller tout-à-fait. A peine avois-je disparu, qu'ils descendirent derechef l'un après l'autre dans le champ de blé. J'en fus si irrité que je n'eus point la patience d'attendre qu'ils s'y fussent assemblez en un plus grand nombre, d'autant plus qu'il me sembloit qu'on me rongeât les entrailles, & que chaque grain qu'ils avaloient, me coûtoit bien la valeur d'un pain entier. Je m'avançai donc prés de la haye, tirai sur eux un second coup, & j'en tuai trois. C'étoit justement ce que je souhaitois passionnément : car je les ramassai d'abord, pour rendre leur punition exemplaire, & les traiter comme on fait les insignes voleurs en Angleterre, qu'on condamne à rester attachez au gibet aprés leur execution, pour donner la terreur aux autres. Il n'est presque pas possible de s'imaginer que

bon

bon effet cela produisit. Les oiseaux depuis ce tems-là non-seulement ne venoient plus dans mon blé, mais encore ils abandonnerent tout ce Canton de l'Isle; & je n'en vis plus aucun dans tout le voisinage tout le tems que demeura l'épouvantail. J'en eus une joye extrême, comme vous pouvez bien croire, & je fis ma récolte sur la fin de Decembre, qui est dans ce Climat la Saison propre pour la seconde moisson.

Avant de commencer cette courvée, je n'étois pas peu intrigué pour sçavoir comment je supléerois à une faucille; car il m'en faloit une pour couper le blé. Je n'eus pas d'autre parti à prendre que de m'en fabriquer une du mieux que je pouvois avec un des sabres, ou des coutelats que j'avois sauvez parmi les autres armes du Vaisseau. Comme ma récolte avoit été peu de chose, celle-ci me coûta moins de peine à recüeillir. D'ailleurs je n'y cherchai pas d'autre façon; ne me souciant point de couper autre chose, que les épics seuls; & ensuite je les égrenai entre mes mains. Ma moisson étant achevée, je trouvai que de mon demi picotin que j'avois semé, il m'étoit provenu prés de deux boisseaux & demi d'Orge; du moins autant que je pouvois conjecturer, parce que je n'avois alors aucune mesure.

Ceci ne laissa pas de me donner beaucoup de courage: ç'en étoit assez pour me faire connoître que la Divine Providence vou-

Tome I. S droit

droit bien un jour ne me pas laisser manquer de pain : néanmoins je me voyois encore dans un grand embarras : car je ne sçavois ni comment moudre ce grain pour en faire de la farine ; ni comment pétrir cette farine pour faire du pain ; ni comment cuire ce pain quand même il seroit pêtri. Toutes ces difficultez jointes au desir que j'avois d'amasser une bonne quantité de provisions, & d'avoir par devers moi un grenier qui m'assurât du pain pour l'avenir, je résolus de ne point tâter de cette récolte, mais de la conserver, & de l'employer toute en semence la Saison prochaine : en attendant je voulus mettre toute mon industrie & toutes les heures de mon travail à exécuter le grand dessein que j'avois de perfectionner l'art de labourer, aussi-bien que celuy de goûter avec usure les fruits de mon labourage.

Je pouvois bien dire alors dans un sens propre & litteral, que je travaillois pour ma vie. Mais c'est une chose étonnante, & à laquelle je ne crois pas que beaucoup de gens fassent réflexion, que les préparatifs qu'il faut faire, le travail qu'il faut subir, les formes differentes qu'il faut donner à son ouvrage, avant de pouvoir produire dans la perfection, ce qu'on apelle un morceau de pain.

C'est ce que je reconnus à mon grand dommage, moi qui étoit réduit à un état de pure Nature : & chaque jour aidoit à m'en con-
vain

vaincte de plus en plus, même depuis que j'eus recueïlli le peu de blé qui avoit crû d'une maniere si extraordinaire & si inattenduë au pied du rocher, & que j'ai déja racontée.

Premierement je n'avois point de charruë, pour labourer la terre, point de bêche pour la fossoyer. Il est vrai, que je supléai à cela, en me faisant une pêle de bois, dont j'ai déja parlé : mais aussi dans mon ouvrage reconnoit-on aisément l'imperfection de cet outil. Et quoiqu'il m'eût coûté plusieurs jours à faire, néanmoins comme il n'étoit point garni de fer tout autour, non-seulement il s'usa plûtôt, mais encore cela étoit cause que j'en faisois mon ouvrage avec plus de difficulté, & moins de succés.

Mais je me résignois à tout cela, & suportois avec une patience égale, & la difficulté du travail, & le peu de succés dont il étoit suivi. Aprés que mon blé étoit semé, j'aurois eu besoin d'une herse : mais n'en ayant point, je me voyois obligé de passer par dessus ma terre avec une grosse branche d'arbre, que je traînois derriere moi ; avec laquelle je grattois, pour ainsi dire, plûtôt que je ne hersois.

Quand mon grain étoit en herbe, ou en épic, ou en nature, de combien de choses n'avois-je pas besoin, comme je l'ai déja insinué, pour le fermer d'un enclos, en écarter les bêtes & les oiseaux, le faucher, le secher, le voiturer, le battre, le vanner, & le serrer. Aprés cela il me faloit un moulin pour moudre ; un tamis pour passer la farine, un levain & du sel pour faire fermenter, & un four pour cuire mon pain. Voilà bien des instrumens d'un côté, & de l'autre bien des ouvrages differens ; je ferai pourtant voir que tous ceux-là me manquerent, & que je ne manquai à aucun de ceux-ci. Mon blé m'exerçoit beaucoup, mais aussi il m'étoit d'un grand secours, & je le regardois comme le plus précieux de tous mes biens. Cependant tant de choses à faire, & tant d'autres dont j'avois un besoin extrême, m'auroient fait perdre patience, si ce n'eût été qu'il n'y avoit point de remede à cela : d'ailleurs la perte de mon tems ne devoit point tant me tenir au cœur : parce que de la maniere dont je l'avois divisé, il y avoit une certaine partie du jour affectée à ces sortes d'ouvrages: & comme je ne voulois employer aucune portion de mon blé à faire du pain, jusqu'à ce que j'en eusse une plus grande provision, j'avois par devers moi les six mois prochains pour tâcher de me fournir par mon travail & par mon industrie de tous les utensiles propres à tourner à profit les grains que je recüeillirois.

Mais auparavant il me faloit préparer un plus grand espace de terre, parce que j'avois déja une assez bonne quantité de semences pour ensemencer plus d'un arpent. Je ne pouvois préparer la terre sans me faire une bêche. C'est aussi par où je commenmençai ; & il ne se passa pas moins d'une semaine entiere, avant que je l'eusse achevée, encore étoit-elle fort rude & mal fagotée ; en sorte que mon ouvrage en devint une fois plus pénible. Mais tout cela ne fut point capable de me décourager, ni de m'empêcher de passer outre : & enfin je semai ma semence en deux pieces de terre plates & unies, les plus proches de ma maison que je pusse trouver, je les entourai d'une bonne haye. Cette haye étoit composée du même bois que celle de ma maison : ainsi je savois qu'elle croîtroit, & que dans un an de tems elle formeroit une haye vive, qui ne demanderoit que peu de réparations. Cet ouvrage ne fut point si petit, qu'il ne m'occupât bien durant trois mois, parce qu'une partie de ce tems étoit de la Saison pluvieuse, qui ne me permettoit de sortir que rarement.

Pendant tout le tems que j'étois confiné dans ma maison par la continuation des pluyes, je m'occupai de la maniere que je raconterai tout à l'heure : mais en même tems que je travaillois, je ne laissois pas de m'amuser à parler à mon Perroquet ; ainsi il aprit à parler lui-même, & à dire son nom & son surnom, qui étoient Perroquet Mignon ; & qui furent aussi les premieres paroles, que j'eusse entendu prononcer dans l'Isle par d'autre bouche que la mienne. Ce petit animal me servoit de compagnon dans mon travail ; & les entretiens que j'avois avec

avec lui, me délaissoient souvent dans des occupations, qui étoient graves & importantes comme vous l'allez voir. Il y avoit déja long-tems que je considérois à part moi, si je ne pourois point me faire quelques vaisseaux de terre ; parce que j'en avois un besoin extrême, mais j'ignorois la métode qu'il faloit prendre pour pourvoir à ce besoin. Néanmoins quand je considérois la chaleur du Climat, je ne doutois presque pas, que si je pouvois seulement trouver de l'argille propre, je ne pusse former un pot, lequel étant seché au Soleil, seroit assez dur, & assez fort pour être manié, & pour y mettre des choses qui seroient sèche de leur nature, & voudroient être tenuës telles : & comme je m'attendois bien-tôt à avoir une assez grande quantité de blé, de farine, & autre choses, je me proposois aussi de les serrer de la maniere que je viens de dire : & pour cet effet, je résolus de me façonner quelques pots, mais de les faire aussi grands qu'il me seroit possible, afin qu'ils se pussent tenir fermez comme des jarres, & qu'ils fussent tout prêts à recevoir les differentes choses que je voudrois mettre dedans.

Le Lecteur auroit pitié de moi, ou plûtôt il s'en riroit, si je lui disois de combien de manieres bisarres je m'y pris pour former ma matiere ; combien étrange & difforme fut la figure donnée à mes ouvrages ; combien il y en eût de ces ouvrages, qui tomberent

berent par morceaux, les uns en dedans, les autres en dehors, parce que l'argille n'étoit pas assez ferme pour soutenir son propre poids; combien qui se fêlerent à la trop grande ardeur du Soleil, pour y avoir été exposez trop précipitamment; combien enfin se briserent en les changeant de place, & avant qu'ils fussent secs, & aprés qu'ils le furent: tellement que quand je me fus donné bien de la peine & du travail, pour l'arracher de son sein, pour l'aprêter, pour la mettre en œuvre, je ne pus pas faire plus de deux vastes & vilaines machines de terre, que je n'oserois apeller Jarres, mais qui me coûterent pourtant près de deux mois de travail.

Neanmoins comme ces deux vases s'étoient bien cuits & durcis au Soleil, je les soulevai adroitement, & les mis dans deux grands paniers d'ozier que j'avois faits exprès, pour les empêcher de se casser: & comme il y avoit du vuide entre le pot & le panier, je le remplis tout-à-fait avec de la paille de ris & d'orge; comptant que ces deux pots se tiendroient toûjours secs, que j'y pourois premierement serrer mon blé, & peut-être aussi ma farine aprés avoir moulu.

Si j'avois mal réüssi dans la combinaison des grands vases, je fus assez content du succès que j'eus à en faire bon nombre de petits, comme des pots ronds, des plats, des cruches, des terrines. L'argille prenoit sous ma main toute sorte de figures, & elle recevoit du Soleil une dureté surprenante.

Mais tout cela ne répondoit pas encore à la fin que je m'étois proposée; qui étoit d'avoir un pot de terre, capable de contenir les choses liquides, & de souffrir le feu : ce que ne pouvant pas faire aucun des utencilles dont j'étois déja pourvû. Au bout de quelque-tems il arriva, qu'ayant fait un bon feu pour aprêter mes viandes, je trouvai en fourgonnant dans le foyer un morceau de ma vaisselle de terre, lequel étoit cuit, dur comme une pierre, & rouge comme une tuille. Je fus agréablement surpris de voir cela; & je dis en moi-même, qu'assurément mes pots se pouroient trés-bien cuire étant entiers, puis qu'il s'en cuisoit des morceaux separez dans une si grande perfection.

Cette découverte fut cause que je me mis à considérer comment je ferois, pour disposer tellement mon feu, que j'y pusse cuire des pots. Je n'avois aucune idée ni du genre de fourneau, dont se servent les potiers, ni du vernis dont ils enduisent la vaisselle, ne sçachant pas que le plomb que j'avois, étoit bon pour cela. Mais à tout hazard, je plaçai trois grandes cruches, sur lesquelles je mis trois pots, le tout en forme de pile, avec un gros tas de cendres par dessous. Je fis alentour un feu de bois, qui flamboit si-bien aux côtez & par dessus, que dans quelque-tems je vis mes vases tout rouges de part en part, sans qu'il en parût aucun

de

de frêlé. Je les laiſſai demeurer dans ce dégré de chaleur environ cinq ou ſix heures, juſqu'à ce que j'en aperçûs un, qui n'étoit pas fendu à la verité, mais commençoit à fondre & à couler ; car le gravier qui ſe trouva mêlé parmi l'argille, ſe liquefioit par la violente ardeur du feu, & ſe ſeroit tourné en verre, ſi j'euſſe continué. Ainſi je temperai mon brazier par degrés, juſqu'à ce que les vaſes commençaſſent à perdre un peu de leur rouge : & je fus debout toute la nuit, pour avoir l'œüil deſſus, de peur que le feu ne s'abbatit trop ſoudainement. A la pointe du jour je me vis enrichi de trois cruches, qui étoient, je ne dirai pas belles, mais très-bonnes ; & de trois autres pots de terre, auſſibien cuits qu'on le ſçauroit ſouhaiter : l'un deſquels avoit reçû un parfait vernis de la fonte du gravier.

Je n'ai pas beſoin de dire, qu'après cette expérience je ne me laiſſai plus manquer d'aucuns vaſes de terre, qui me puſſent être utiles. Mais je puis bien dire une choſe, que tout le monde n'eſt pas obligé de ſavoir, c'eſt que leur forme étoit extrêmement difforme. Et c'eſt dequoi l'on ne s'étonnera point, ſi l'on conſidere que je n'avois aucun ſecours, ni aucune méthode fixe pour un tel travail ; me trouvant à peu prés dans le cas des enfans, qui font des pâtez avec de la terre graſſe ; ou ſi vous voulez d'une femme, qui s'érigeroit en patiſſiere, ſans avoir jamais apris à manier la pâte. Une

Une chose si petite en elle-même, ne causa jamais de joye, qui égalât celle que je ressentis, lorsque je vis que j'avois fait un pot qui souffriroit le feu. Et à peine avois-je eu la patience d'attendre que mes vases fussent refroidis, lorsque j'en mis un sur le feu avec de l'eau dedans, pour me faire boüillir de la viande ; ce qui me réüssit parfaitement bien : car un morceau de bouc, que j'avois mis dans le pot, me fit un bon boüillon, bien que je manquasse de gruau, & de plusieurs autres ingrédiens semblables, pour le rendre aussi parfaitement bon que je l'aurois souhaité.

La chose que je desirois avec le plus d'ardeur aprés celle-là, c'étoit de me pourvoir d'un mortier de pierre, où je pusse piler ou battre du blé. Car pour ce qui est d'un moulin, c'est une chose qui requiert tant d'art, qu'il ne m'entra pas seulement dans l'esprit d'y pouvoir atteindre. J'étois bien intrigué pour trouver, comment je supléerois à un besoin si indispensable ; en effet le métier de tailleur de pierre, est de tous les métiers celui, pour lequel je me sentois le moins de talent ; outre que je n'avois aucun des outils, qu'on y employe. Je cherchai pendant plusieurs jours une pierre qui fut grosse, & qui eut assez de diametre, pour la pouvoir creuser, ou pour en faire un mortier : mais je n'en trouvai aucune dans toute l'Isle, excepté ce que renfermoit le corps des rochers, où faute d'instrumens je ne pouvois

vois ni creufer, ni tailler, ni par conféquent en tirer quoique ce foit. Ajoûtez à cela que les rochers de l'Ifle n'étoient pas d'une dureté convenable, mais d'une pierre graveleufe, qui s'émioit aifément, & qui n'auroit pû fouffrir les coups d'un pefant pilon, & où le blé n'auroit pû fe brifer fans qu'il s'y mêlât beaucoup de gravier. Ainfi ayant perdu beaucoup de tems à chercher une pierre, je defefperai d'y réüffir, & pris le parti de me mettre aux champs, pour trouver quelque gros billot, qui fut d'un bois bien dur. C'eft ce qu'il me fut aifé de trouver ; & prenant le plus gros, que je fuffe capable de remuer, je l'arrondis, & le façonnai en dehors avec ma hache & ma doloire : enfuite je le crufai avec un travail infini, en y apliquant le feu, qui eft le ftratagême, dont fe fervent les Sauvages pour former leurs canots. Aprés cela je fis un gros & pefant pilon, du bois, qu'on apelle bois de fer. Je mis à part ces préparatifs, en attendant le tems de ma feconde moiffon ; aprés laquelle je me propofois de moudre, ou plûtôt de broyer mon blé pour le réduire en farine, & me faire du pain.

Aprés cette difficulté furmontée la premiere qui fe prefentoit, c'étoit de me faire un fas ou un tamis, pour préparer ma farine, & la féparer des coffes & du fon ; fans quoi je ne voyois pas qu'il fût poffible d'avoir du pain. La chofe étoit fi difficile

en

en elle-même, que je n'avois presque pas le courage d'y penser : en effet j'étois bien éloigné d'avoir les choses requises pour faire un tamis ; car il ne me falloit pas moins qu'un beau canevas, ou bien quelque autre étoffe transparente pour passer la farine. Ce fut là pour moi une vraye encloueure, qui me retint dans l'inaction & dans l'incertitude pendant plusieurs mois tout ce qui me restoit de toile, n'étoit que de guenilles : j'avois à la verité du poil d'un bouc ; mais je ne sçavois ni comment le filer, ni le travailler au métier ; & quand même je l'aurois sçû, il me manquoit les instrumens propres. Tout ce que je pus faire pour rémedier à ce mal, fut que je me rapellai enfin dans la mémoire, qu'il y avoit parmi les hardes de nos mariniers, lesquelles j'avois sauvées du Vaisseau, quelques cravates faites de toile de coton. C'est à quoi j'eus recours, & avec quelques morceaux de cravates je me fis trois petits sas, mais assez propres pour mon travail. Je ne m'en servis pas d'autres, pendant plusieurs années : & nous verrons en sa place ce que je leur substituai, quand la nécessité ou l'occasion se presenterent.

Ensuite venoit la Boulangerie, dont les fonctions devoient s'étendre tant à pêtrir, qu'à cuire au four. Mais premierement je n'avois point de levain : & même je n'entrevoyois aucune possibilité d'acquerir une chose de cette nature : c'est pourquoi
je

je résolus de ne m'en mettre plus en peine, & d'en rejetter jusqu'à la moindre pensée. Pour ce qui est du four, mon esprit étoit en travail pour imaginer les moyens de m'en fabriquer un. A la fin je trouvai une invention qui répondoit assez à mon dessein, & la voici. Je fis quelques vases de terre fort larges, mais peu profonds: c'est-à-dire qu'ils pouvoient avoir deux bons pieds de diamettre, sans fournir plus de neuf pouces de profondeur: je les cuisis au feu, comme j'avois fait les autres, & les mis ensuite à part. Or, quand je voulois enfourner mon pain, mon débat étoit de faire un grand feu sur mon foyer, lequel étoit pavé de briques quarrées, formées & mises à ma façon: & j'avouë qu'elles n'étoient pas équarries selon les régles de Géometrie. Lorsque mon feu de bois étoit à peu prés réduit en charbons ardents, j'étendois ces charbons au long & au large sur mon âtre, en sorte qu'il en fut couvert tout entier: & je le laissois de même, jusqu'à ce qu'il fut devenu extrêmement chaud: alors j'en écartois les charbons & les cendres en les balayant bien proprement, puis je posois ma pâte que je couvrois d'abord du vase de terre, dont vous avez vû la description; & autour duquel je ramassois les charbons avec les cendres, pour y concentrer, ou même en augmenter la chaleur. De cette maniere je cuisois mes pains d'Orge

ge tout aussi bien que dans le meilleur four du nomde, non content de faire le Boulanger, je tranchois encore du Pâtissier ; car je me fis plusieurs pâteaux & *poudins* de ris. A la verité je n'allai pas jusqu'à ce point de perfection, que de faire des pâtez, mais quand même je l'aurois entrepris, je ne sçache pas ce que j'aurois pû mettre dedans, à moins que ce ne fut de la chair de bouc ou de volatiles : or l'un & l'autre auroit fait triste figure dans un pâté, à moins d'être dûement assaisonné.

L'on ne doit point s'étonner si j'avance que toutes ces choses m'occuperent pendant la plus grande partie de la troisiéme année de mon séjour dans l'Isle: car il est à remarquer qu'il y eut plusieurs intervalles de tems que j'employois à vâquer aux moissons & à l'Agriculture. En effet, je coupai mon blé dans la bonne Saison, le transportai au logis du mieux que je pus, & en conservai mes épics dans mes grands paniers, jusqu'à ce que j'eus le loisir des les égrener entre mes mains ; parce que je n'avois ni aire ni fleau pour les battre.

Mais à présent que la quantité de mes grains augmentoit, j'avois véritablement besoin d'élargir ma grange pour les loger : car mes semailles avoient été suivies d'un si gros raport, que ma derniere recolte monta à vingt boisseaux d'Orge, & tout au moins à une pareille quantité de Ris ; si bien que

dés-

dés-lors je me voyois en état de vivre à discrétion, moi qui depuis long-tems faisois abstinence de pain ; c'est-à-dire depuis que je n'avois plus de biscuit. Je voulus voir aussi quelle quantité de blé me suffiroit pour une année, & si je ne pourois pas me passer avec une seule semaille.

Tout bien consideré je trouvai que quarante boisseaux étoient tout autant que j'en pouvois consumer dans un an. Ainsi je résolus de semer chaque année la même quantité, que j'avois semée la derniere fois, esperant qu'elle me fourniroit du pain en assez grande abondance.

Tandis que ces choses se passoient ; vous pouvez bien vous imaginer que mes pensées roulerent souvent sur la découverte que j'avois faite de la terre située vis-à-vis de l'Isle ; & je ne pouvois, que je ne sentisse quelque secrette impulsion de m'y voir débarqué, considerant que le Pays, où je me voyois, étoit inhabité ; que celui, auquel j'aspirois, étoit dans le Continent ; & que de quelque nature qu'il fût, je pourois de là passer outre & trouver quelque moyen de m'affranchir de ma misere.

Dans tous ces raisonnemens je ne faisois point entrer en ligne de compte les dangers, ausquels m'exposeroit une telle entreprise ; celui entr'autres de tomber entre les mains des Sauvages, mais des Sauvages plus cruels que les Tigres, & les Lions d'Ad'Afrique ; parce que ce seroit un Miracle, s'ils ne me massacroient point, ou qui plus est, s'ils ne me devoroient, en cas qu'ils reconnussent mes traces. Je me ressouvenois encore d'avoir oui dire que les Habitans des Côtes des Caribes étoient Anthropophages ou mangeurs d'hommes : & je sçavois par la latitude, que je ne pouvois pas être fort éloigné de ce Pays-là. Que suposé que ces Peuples ne fussent point Anthropophages, je n'en courerois pas moins le danger d'en être tué, s'ils venoient à m'attraper ; puisque sçavoit été le Sort de plusieurs Européens avant moi, quoiqu'ils fussent au nombre de dix, quelquefois même de vingt personnes : à plus forte raison devois-je craindre pour moi, qui me voyois seul, & incapable par conséquent de faire une longue défense. Toutes ces choses, dis-je, que j'aurois dû considérer murement, & qui dans la suite me firent faire bien des réflexions, ne m'entrerent pas seulement dans l'esprit au commencement, Mais j'étois entiérement possedé du desir de traverser la mer pour prendre terre de l'autre côté.

C'est alors, que je regrettai mon garçon Xuri ; & le grand bateau, qui singloit avec une voile latine, ou triangulaire, sur lequel j'avois navigué environ onze cens milles le long des Côtes d'Afrique : mais ces regrets n'aboutissoient à rien. Et il me vint en
pensée

pensée d'aller visiter la chaloupe de nôtre Bâtiment, laquelle après nôtre Naufrage avoit été portée par la tempête bien avant sur le rivage comme je l'ai déja dit. Je la trouvai cette seconde fois à peu près dans la même situation, quoi qu'un peu plus loin que la premiere ; & elle étoit presque tournée sans dessus dessous, flanquée contre une longue éminence de gros sable, où la violence des vents & des flots l'avoient portée, & laissée tout-à-fait à sec.

Si j'avois eu quelqu'un pour m'aider à la radouber, & la lancer ensuite dans la mer, elle m'auroit bien pû servir, & me porter aisément au Brezil : mais j'aurois dû prévoir qu'il m'étoit aussi impossible de la retourner, & de la poser sur sa quille : que de remuer l'Isle. Quoi qu'il en soit, je m'en allai dans les bois, où je coupai des leviers, & des rouleaux, que j'apportai à l'endroit du bateau, résolu d'éssayer ce que je pourois faire : me persuadant que si je le pouvois une fois dégager de là, il ne me seroit pas difficile de réparer les dommages qu'il avoit reçûs, & d'en faire un bon bateau, avec lequel je pourois sans scrupule me hazarder sur mer.

A la verité je ne m'épargnai aucunement dans ce travail infructueux ; & je pense que je n'y consumai pas moins de trois ou quatre semaines de tems. Mais enfin voyant que mes forces étoient trop petites pour relever un si pesant fardeau, je me mis à creuser par dessous, & à employer la voye de la sape pour la faire tomber, plaçant en même-tems plusieurs piéces de bois pour le menager tellement dans sa chûte, qu'il pût tomber sur son fond.

Mais j'eus beau faire tous mes efforts, il ne me fut point possible, ni de le redresser, ni même de me pouvoir glisser dessous, bien éloigné de l'avancer vers l'eau, ainsi je me vis contraint de me desister de mon projet: & cependant, chose étrange, tandis que les esperances que j'avois conçuës de mon bateau s'évanouïssoient, la demangeaison de m'exposer sur mer, pour gagner le Continent, m'aiguillonnoit de plus en plus, à mesure que la chose paroissoit le moins possible.

Sur cela je me mis à faire réflexion, si sans le concorrs d'instrumens & de personnes, il ne me seroit point possible de me faire avec le tronc d'un arbre un canot ou une gondole semblable à celles, que font les Habitans originaires de ces Païs-là. La chose me parut non-seulement praticable, mais encore facile: & l'idée seule d'un tel projet, jointe à ce que je m'imaginois d'avoir plus de commoditez, que les Négres & les Americains pour une telle exécution, me repaissoit agréablement. Mais d'une autre côté je ne faisois nulle attention aux inconveniens particuliers, qui me viendroient à la traverse de plus qu'aux Americains: entr'autres, par exemple; le défaut d'assistance de qui que ce fut,

fut, pour remuer mon canot, quand une fois il seroit achevé, & pour le transporter à la mer : obstacle beaucoup plus difficile pour moi à surmonter, que le manquement de tous les outils ne l'étoit pour ces Sauvages. Car à quoi me servoit-il, qu'après avoir choisi dans les bois un arbre d'une vaste grandeur, je pusse l'abatre avec un travail infini, ensuite le charpenter & façonner en dehors avec mes outils pour lui donner la figure d'un bateau de plus le brûler ou le tailler en dedans, pour le rendre creux & complet ; à quoi, dis-je, me servoit tout cela, s'il me le falloit à la fin précisément laisser dans l'endroit, où je l'avois trouvé, faute de le pouvoir lancer dans l'eau.

Il semble d'abord que je ne pouvois pas avoir presenté à mon esprit la moindre idée de l'état où je me trouvois, de travailler à faire ce bateau, à moins de considerer en même-tems, comment je le mettrois en mer. Mais le desir ardent de me mettre dessus, pour traverser jusqu'à la Terre ferme, qui paroissoit de l'autre côté, captivoit tellement tous mes sens, que je n'eus pas le loisir de songer une seule fois aux moyens de l'ôtre de dessus la terre où il étoit. Et sans doute qu'il m'auroit été incomparablement plus aisé de lui faire faire l'espace de quarante-cinq milles sur mer, que celui d'environ quarante cinq brasses, qu'il y avoit de lui, où il gissoit sur terre, à ce-

lui

lui où il auroit pû être à flot.

Je fis l'action la plus insensée qu'un homme puisse faire, à moins d'avoir perdu le sens commun, lorsque je me mis à travailler à ce bateau. Je m'aplaudissois de former un tel dessein, sans déterminer si je serois capable de l'exécuter : non que je ne pensasse quelquefois à la difficulté de lancer mon bateau ; mais c'étoit une matiére que je n'aprofondissois point : & je terminois tous mes doutes par cette resolution extravagante, *çà çà*, disois-je en moi-même, *faisons-le seulement, & quand une fois il sera achevé, nous trouverons dans nôtre imaginative le moyen de le mouvoir, & de le mettre à flot.*

Cette méthode étoit diametralement oposée aux regles du bon sens : mais enfin mon entêtement avoit pris le dessus ; & je me mis à travailler. Je commençai par couper un Cedre. Je doute si le Liban en fournit jamais un pareil à Salomon, lors qu'il bâtissoit le Temple de Jerusalem. Le Diametre de cet arbre étoit par le bas & prés du tronc de cinq pieds & dix pouces ; de là il prenoit quatre pieds & onze pouces, sur la longueur de vingt-deux pieds : ensuite il alloit en diminuant jusqu'au branchage. Ce ne fut pas sans un travail immense que j'abatis cet arbre, car je fus assidu pendant vingt jours à hâcher & à tailler au pied. Je fus quinze jours de plus à l'ébrancher &

en trancher le sommet vaste & spacieux ; à quoi j'employai hâches & besaigues, & tout ce que la charpenterie me pouvoit fournir de plus puissant, joint à toute la vigueur dont j'étois capable. Il me couta un mois de travail à le façonner, & à le rabotter avec mesure & proportion, afin d'en faire quelque chose de semblable au dos d'un bateau, tellement qu'il pût flotter droit & comme il faut. Je ne mis guere moins de trois mois à travailler le dedans, & à le creuser jusqu'à ce point que d'en faire une parfaite chaloupe. Je vins même à bout de ce dernier article, sans me servir de feu & d'aucune autre voye, que celle du marteau, du ciseau, & d'une assiduité au travail, que rien ne pouvoit rallentir, jusqu'à ce que je me visse possesseur d'un canot fort beau, & assez grand pour porter aisément vingt-six hommes, & par conséquent suffisant pour moi & toute ma cargaison.

Quand j'eus achevé cet ouvrage, j'en ressentis une joye extrême : & à la verité c'étoit le plus grand canot, ou la plus belle gondole, que j'eusse vûë de ma vie, bâtie d'une seule piéce. Mais aussi je vous laisse à penser combien de rudes coups j'avois été obligé de fraper. La seule chose qui me restoit à faire, c'étoit de le mettre en mer, & s'il m'eût été possible d'exécuter ce dernier point, je ne fais nul doute, que j'aurois entrepris le voyage de monde le plus

témé-

téméraire, & où il y auroit eu le moins d'apparence de pouvoir réüssir.

Mais toutes les mesures que je pris pour le lancer dans l'eau, avorterent, quoi qu'aprés m'avoir couté un travail infini. Il n'étoit cependant pas éloigné de la mer de plus de deux cens verges ; mais le premier inconvenient qui intervenoit, c'est qu'il y avoit une éminence à mon chemin de là à la Baye. Cet obstacle ne m'arrêta point ; je résolus de le lever entiérement avec la bêche, & même de faire tant, que de réduire la hauteur en pente. J'entrepris la chose, & je ne sçaurois dire combien je me peinai prodigieusement pour cela : il ne faloit pas avoir en vûë un Tresor moins précieux que celui de ma liberté ; pour me soûtenir dans une telle rencontre. Mais quand j'eus aplani cette difficulté, je ne m'en vis pas plus avancé : car il m'étoit aussi impossible de remuer ce canot-ci, que l'autre bateau, dont j'ai déja parlé.

Alors je mesurai la longueur du terrain, & formai le projet de creuser un bassin ou un canal, pour faire venir la mer jusqu'à mon canot, puisque je ne pouvois pas faire aller mon canot jusqu'à la mer. Je commence l'ouvrage sans délai, & dés le commencement venant à calculer qu'elle en devoit être la profondeur, qu'elle étoit la largeur, & quelle seroit ma métode pour le vuider, je trouvai qu'avec toutes les aides

des que je pouvois avoir, & que je ne devois pas aller chercher hors de moi-même, il me faudroit bien dix ou douze ans de peines & de travail avant que l'avoir achevé; car le terrain étoit si élevé, que mon bassin projetté auroit dû être profond de vingt-deux pieds pour le moins dans l'endroit le plus distant de la mer. Ainsi je me désistai encore de ce projet, quoi qu'avec bien de la répugnance.

Cela me donna un chagrin sensible, & me fit sentir, mais un peu tard, qu'elle folie il y a, à entreprendre un ouvrage, avant d'en avoir calculé les frais, & sans peser avec justesse, si les difficultez qui se rencontrent dans l'exécution, ne sont pas au-dessus de nos forces.

Au milieu de cette derniere entreprise je finis la quatriéme année de mon séjour dans l'Isle; & j'en célébrai l'Anniversaire avec la même dévotion, avec autant de sujet de consolation, que je l'avois fait les années précedentes. Car par une étude constante de la Parole de Dieu, par l'aplication que j'en faisois à moi & à ma condition, par le secours de la grace, j'acqui..e science differente de celle que je po...ois auparavant: déja j'entretenois de toutes autres notions des choses. Je regardois le monde comme une terre étrangere, où il n'y avoit pour moi aucun établissement à faire : où il n'étoit rien qui put être l'objet de mes esperances, non plus

plus que de mes desirs : en effet je n'avois plus de commerce avec ce monde ; & selon toutes les aparences je n'en devois jamais plus avoir. Il me sembloit que je le pouvois regarder dés-lors comme nous le regarderons peut-être en l'autre monde, je veux dire comme un lieu où j'avois autrefois vêcu, mais d'où j'étois sorti & véritablement je pouvois bien dire, ce qu'Abraham disoit au mauvais riche dans la Parabole de l'Evangile : *Il y a une abîme de separation entre toi & moi.*

En premier lieu je croyois me pouvoir feliciter à bon droit, de ce qu'une puissante barriere me garantissoit suffisamment des maux contagieux du siécle. Je ne redoutois *ni la convoitise des yeux, ni l'orgüeil de la vie*. Je n'avois rien à convoiter, parce que je possedois déja toutes les choses, dont j'étois actuellement capable de jouir : j'étois le Seigneur du lieu : je pouvois même, si bon me sembloit, me donner le Titre de Roi, ou si vous voulez d'Empereur de tout le Pays : car tout étoit soumis à ma puissance : par tout j'exerçois un Empire despotique, point de rival, point de compétiteur pour me disputer le commandement, ou la souveraineté : j'aurois pû amasser des magazins de blé ; mais ils ne m'auroient été d'aucun usage ; & c'est pour cela que je n'en faisois croître, qu'autant que j'en avois besoin. Je pouvois avoir des tortuës à discretion ; mais il me suffisoit d'en prendre une de tems en tems,

pour

pour fournir abondamment à mon nécessaire. J'avois assez de marrein pour construire une flote entiere; & quand ma flotte auroit été bâtie, j'aurois pû faire d'assez copieuses Vendanges pour la charger de vins, & de raisins secs.

Mais les choses dont je pouvois faire usage, étoient les seules qui eussent de la valeur chez moi. Il ne me manquoit rien de tout ce qui étoit nécessaire pour ma nourriture & pour mon entretien : Eh! de quoi m'auroit servi le surplus? Si j'eusse tué plus de viande que je n'en pouvois manger; il l'auroit falu abandonner aux chiens & aux vers. Si j'eusse semé plus de blé, que je n'en pouvois consumer; il se seroit gâté. Les arbres que j'avois abbatus, restoient épars sur la terre pour y pourir; car je n'avois besoin de feu, que pour faire ma cuisine.

En un mot, la nature des choses, & l'expérience même me convainquirent après de justes réfléxions, qu'en ce monde ici les choses ne sont bonnes par raport à nous, que par raport à l'usage que nous en faisons : & que nous n'en jouïssons ni plus ni moins, qu'autant que nous nous en servons; à la réserve néanmoins de ce que l'on peut amasser en tems & lieu pour exercer la liberalité envers les autres. Qu'on mette à la place ou j'étois, par exemple, l'Harpagon du monde le plus complet, je soûtiens qu'il sera bien-tôt gueri du péché d'avarice qui le possede. En effet j'avois du bien par deſſus les yeux, & ne ſavois qu'en faire. Je ne pouvois rien deſirerde plus, excepté ſeulement quelques petites bagatelles qui me manquoient, & qui m'auroient été d'un grand ſecours. J'ai déja fait mention d'une ſomme que j'avois par devers moi, tant en or qu'en argent, & qui montoit à peu près à trente-ſix livres Sterlings: helas! que ce meuble étoit inutile pour moi, qu'il attiroit peu mon attention! c'étoit à mes yeux quelque choſe de moindre que de la bouë; & je n'en faiſois pas plus de cas que d'uſage. Je me diſois ſouvent à moi même que je donnerois volontiers une poignée de cet argent pour un nombre de pipes à fumer du tabac, ou pour un moulinet à moudre mon blé. Que dis-je? j'aurois donné le tout pour autant de ſemence de carrotes, qu'on en a pour 6. ſ. en Angleterre; & j'aurois crû faire un excelent marché, ſi j'avois pû changer ces eſpeces contre une poignée de pois & de féves & une bouteille d'encre. Car dans la conjonéture où je me trouvois, il ne m'en revenoit pas le moindre avantage, ni la moindre douceur; mais elles croupiſſoient dans un tiroir où elles moiſiſſoient à cauſe de l'humidité des Saiſons pluvieuſes. Et même ſi le tiroir avoit été tout plein de Diamans, ſauroit encore été le même cas: & ils n'auroient été de nulle valeur auprès de moi, par raport à ce qu'ils ne me pouvoient pas été d'aucun ſervice.

Fin du premier Tome.

www.ingramcontent.com/pod-product-compliance
Lightning Source LLC
Chambersburg PA
CBHW071908160426
43198CB00011B/1217